実戦テキスト

BATIC®
(国際会計検定)

Subject 1 アカウンタントレベル（320点）到達へのバイブル

立正大学准教授 山本 貴啓 著

税務経理協会

は し が き

　企業活動のグローバル化が進み，今後ますます海外との交流が活発化することが予想される中，東京商工会議所が主催するBATIC®（国際会計検定）は，その学習を通じて，会計の知識とビジネス英語の双方を習得できることから，スキルアップを求めるビジネスマンや就職活動中の学生にとって，格好の試験として近年ますます注目を浴びています。

　特に本書が対象とするSubject 1は，レベル的にいえば日本商工会議所主催の簿記3級や2級の商業簿記と重なる領域が多く，日商3級や2級の合格者または受験生にとっても，会計と併せて英語を学習するには最適の試験といえます。

　本書では，こうした観点から簿記の学習経験者のみならず，初学者の方でも一から簿記と会計をマスターし，400点満点のうちアカウンタントレベルである320点以上を得点できるよう過去の出題傾向を分析，出題可能性の高い問題を解くに当たって必要な内容と解法をわかりやすく解説したものです。

　本書がBATIC®の学習者の方々にとって，座右の書物として活用されることを願って止みません。

　なおBATIC®に限らずどの試験にも共通していえることですが，過去問対策は欠かせません。本書を読んで基礎知識を得た方は，さらに過去3回分の本試験の問題と解答用紙を収録し，筆者が具体的な解法につき詳細な解説を行った『BATIC®（国際会計検定）過去問題集Subject 1～アカウンタントレベル（320点）到達へのトレーニング』（税務経理協会）を手にとっていただき，実際に時間を計って過去問題の演習に努めていただければと思います。

　また本書の学習を終え，さらに上級の内容の学習を希望される方は，手前味噌になりますが，関連する英語表現と共により高度な英文会計の知識をわかりやすく解説した，拙著『基本例文で学ぶ英文会計』（税務経理協会）をご参照ください。

また本書の出版に当たっては，税務経理協会の宮田英晶氏を初めとする方々に大変お世話になりました。この場を借りて深く感謝申し上げます。

2012年4月

山本　貴啓

<＜参考文献＞>

東京商工会議所編『国際会計検定 BATIC® Subject 1 公式テキスト〈新版〉－英文簿記』（中央経済社，2010年）

東京商工会議所編『国際会計検定 BATIC® Subject 1 問題集〈新版〉－英文簿記』（中央経済社，2010年）

山本貴啓『BATIC®（国際会計検定）Subject 1 過去問題集～アカウンタントレベル（320点）到達へのトレーニング』（税務経理協会，2010年）

山本貴啓『基本例文で学ぶ英文会計』（税務経理協会，2009年）

目　次

はしがき

第1章　簿記の基礎（Basics of bookkeeping） ………………1
1 簿記（Bookkeeping）と財務諸表（Financial statements）………3
2 貸借対照表（Balance sheet）と損益計算書（Income statement）
………………………………………………………………………4
3 資産（Assets）・負債（Liabilities）・資本（Equity）と会計等式
（Accounting equation）……………………………………………7
4 収益（Revenue）・費用（Expense）………………………………11
5 会計等式（Accounting equation）と貸借対照表（Balance sheet）
………………………………………………………………………12
6 損益計算書（Income statement）の作成 …………………………14
7 貸借対照表と損益計算書の関係（Relationship between balance sheet and income statement）……………………………………14
8 仕訳（Journal entry）の基本 ………………………………………19
9 仕訳と複式簿記（Double-Entry Bookkeeping）…………………21
10 Ｔ勘定への転記（Posting to T-account）…………………………28
11 資産・負債の流動固定分類の基準 …………………………………42

第2章　各種取引の仕訳（Journalizing transactions）
………………………………………………………………………49
1 費用（Expense）の計上 ……………………………………………51

1

2 商品の仕入（Purchases）と売上（Sales）・棚卸計算法（Periodic inventory system）・継続記録法（Perpetual inventory system）と売上原価（Cost of goods sold） ……………52
3 仕入割引（Purchase discount）と売上割引（Sales discount） ………………………………………………………58
4 資産（Assets）の購入 ……………………………62
5 株式の発行（Issuance of stock） ………………65
6 社債の発行（Issuance of bonds） ………………67
7 借入金の返済（Repayment of loans payable） ……………68
8 受取手形（Notes receivable）と支払手形（Notes payable） …69
9 利子付手形（Interest-bearing note） ……………………70
10 事務用消耗品（Office supplies）の処理 ……………73
11 配当（Dividends）の支払 …………………………76
12 小口現金（Petty cash）……………………………77

第3章 仕訳帳と元帳（Journals and ledgers） ……………83

第4章 試算表の作成（Preparation of trial balance） …117

1 試算表（Trial balance）の意義 ………………119
2 試算表の作成プロセス………………………………119
3 試算表の限界 ………………………………………120

第5章 決算修正仕訳（Adjusting entries） ……………129

1 発生主義会計（Accrual basis）と現金主義会計（Cash basis） ………………………………………………………131
2 決算修正仕訳（Adjusting entry） ………………132
3 前払費用（Prepaid expense） ……………………135
4 前受収益（Unearned revenue） …………………139

目次

5　未払費用（Accrued expense）と未収収益（Accrued revenue）……………………………………………………………………144
6　減価償却費（Depreciation expense）……………………151
　（1）減価償却（Depreciation）の意義………………………151
　（2）減価償却の方法（Depreciation methods）……………153

第6章　精算表と財務諸表の作成（Worksheet and preparation of financial statements）………169

1　精算表（Worksheet）の意義……………………………171
2　精算表の記入方法…………………………………………171
3　決算整理仕訳（Adjusting entry）と精算表の作成
　①売上原価（Cost of goods sold）の算定………………173
4　決算整理仕訳と精算表の作成　②減価償却……………175
5　決算整理仕訳と精算表の作成　③費用・収益の見越（Accrual）・繰延（Deferral）………………………………………………176
　（1）前払費用（Prepaid expense）と精算表………………176
　（2）前受収益（Unearned revenue）と精算表……………178
　（3）未払費用（Accrued expense）と精算表………………179
　（4）未収収益（Accrued revenue）と精算表………………180
6　精算表と総合説例…………………………………………182
7　勘定の締切と締切仕訳（Closing of entries）……………192
8　締切後試算表（Post-closing trial balance）……………198
9　会計サイクル（Accounting cycle）………………………202

第7章　財務諸表（Financial statements）………203

1　貸借対照表（Balance sheet）と損益計算書（Income statement）の標準フォーム…………………………………………………205

2 純仕入（Net purchase）・純売上（Net sales）と売上原価
　　（Cost of goods sold） ……………………………………210

第8章　一般に公正妥当と認められた会計原則
　　　　　（Generally Accepted Accounting Principles）
　　……………………………………………………………………225
1 発生主義と収益認識の原則 ……………………………227
2 費用収益対応の原則（Matching principle） …………227
3 会計公準（Accounting postulate） ……………………228
4 国際財務報告基準（ＩＦＲＳ）と米国基準（U.S.GAAP）
　　……………………………………………………………229
5 ＩＦＲＳの特徴点 ………………………………………230
6 ＧＡＡＰの設定主体（Standard-setting bodies） ……230

第9章　財務諸表分析（Financial statement analysis）
　　……………………………………………………………………235
1 当期純利益率（Net income margin） …………………238
2 在庫回転率（Inventory turnover） ……………………239
3 総資産回転率（Total assets turnover） ………………240
4 流動比率（Current ratio） ……………………………241
5 当座比率（Quick ratio） ………………………………243
6 負債比率（Debt ratio） …………………………………244
7 株主資本利益率（ＲＯＥ：Return On Equity） ……245
8 総資産利益率（ＲＯＡ：Return On Assets） ………246

第10章　内 部 統 制（Internal control） ………………253
1 内部統制のフレームワーク（Framework of internal control）…255
2 ＣＯＳＯ report による内部統制の定義 ………………255

　　　　　　　　　　　　　　　　　　　　　　　　目　次

3　内部統制の目的（Objective of internal control）……………255
4　現金管理（Cash control）における内部統制…………………255
　（1）　バウチャーシステム（Voucher system）　……………………256
　（2）　定額小口現金前渡制度（Imprest petty cash system）……………257
5　内部統制の手続の具体例（Examples of internal control procedures）
　　　………………………………………………………………………257

{第1章}

簿記の基礎
～Basics of bookkeeping～

第1章 簿記の基礎〜Basics of bookkeeping〜

1 簿記（Bookkeeping）と財務諸表（Financial statements）

　一般的に，会社の良し悪しはどのように判断されるのでしょうか。会社は自らの成績表ともいえる財務諸表（Financial statements）を作成して，それを外部に公開しています。会社を巡る様々な利害関係者はこの財務諸表を基に，会社の実態を判断し，当該会社との係り方を決めていきます。例えば銀行がある会社から融資を求められた際には，当然貸した金が返ってこなければ大変なことになりますから，本当にお金を貸していいものかどうか，慎重に判断することになるでしょうが，その判断基準として会社の公表する財務諸表をみて，会社の返済能力を確かめることになります。

　一方，投資家（Investors）がある会社の株を買おうと思うとき，一般的には安く買って高く売り，その利ざやを稼ぐことが最大の目的となります（無論，配当や支配を目的に長期的な保有を前提とする場合もあります）が，こうした判断を行う際の材料として，やはり会社の財務諸表を用いることになります。

　このように，会社の公表する財務諸表は投資家や債権者（Creditors）のみならず，株主（Stockholders）や経営者（Management）等の利害関係者（Stakeholders）が会社の業績を判断する際の重要な資料となりますが，当該財務諸表を作成する際に必須となる記帳技術が簿記（Bookkeeping）となります。会社は日々，商品の仕入・売上，代金の受払，銀行からの借入等の様々な経済活動を行うわけですが，こうした企業における経済活動を所定の帳簿に継続的に記録・計算・整理するための記帳技術として簿記が用いられるわけです。

　これまで簿記を一切学習したことのない方であっても，小学生のときに家庭科の授業で小遣帳をつけたことがあったり，また家庭においては家計簿をつけて現金の収支を管理されている方もいらっしゃることでしょうが，これこそまさに初歩的な簿記といえるものです。

EXERCISE 1

Users of financial statements include：
（財務諸表の利用者に含まれるのは）

（第16回問題26類題）

① Creditors（債権者）
② Investors（投資家）
③ Management（経営者）
④ Stockholders（株主）
⑤ All of the above（上記のすべて）

【解答・解説】⑤
　財務諸表の利用者を問う問題で，債権者（Creditors），投資家（Investors），経営者（Management）及び株主（Stockholders）はいずれも財務情報の利用者に該当しますから，解答は⑤となります。

2　貸借対照表（Balance sheet）と損益計算書（Income statement）

　では，会社が公表する財務諸表として具体的にどのようなものがあるかといえば，BATICのSubject 1レベルでは，貸借対照表（Balance sheet：B／S）と損益計算書（Income statement または Profit and loss statement：P／L）の2つがあり，簿記の目的は最終的にこれらの財務諸表を作成することにあります。

　ここで貸借対照表とは，一定時点で会社が持つ現金・商品・備品・借入金などの現在高（これを財政状態（Financial position）という）を明らかにするものであり，また損益計算書とは，一定期間の経営活動によって会社がどれくらいの利益（損失）を計上したか，平たくいえば，どれだけ儲かったか，あるいは損をしたかを計算し，その内容（これを経営成績（Result of operation）と

第1章 簿記の基礎〜Basics of bookkeeping〜

いう）を明らかにしたものをいいます。

なお簿記の前提条件として，以下の3つが挙げられます。
① **会計単位（Entity）**・・・簿記が記録・計算・整理の対象とする範囲をいい，通常1つの企業を会計単位とします。
② **会計期間（Accounting period）**・・・財政状態や経営成績を明らかにするために，区切られた期間をいい，日本の会社では通常4月1日から翌年の3月31日を会計期間とする3月決算の会社が最も多いわけですが，BATICが対象とする外国企業では1月1日から12月31日の暦年とする12月決算となります。通常会社は倒産しない限り未来永劫に渡って存続していくものですが，会計上このように会社が将来にわたり永久に経済活動を続けていくという前提を継続企業の公準（Going concern assumption）といいます。これにより設立から将来にわたる企業活動を一定の期間に区切り，その期間ごとに財政状態と経営成績を把握する必要が生じるわけです。なおこの場合，会計期間の始まりの1月1日を期首，終わりの12月31日を期末といいますので，あわせて覚えてください。
③ **貨幣金額表示（Money measurement concept）**・・・貨幣金額で表示できるものだけを対象とします。

上でも述べたとおり①の会計単位は通常，1つの企業とされますが，その企業の基に子会社が何社もあり，当該企業を頂点として企業集団が形成されている場合は，企業集団全体を会計単位として，財務諸表が作成されることになります。これを連結財務諸表（Consolidated financial statements）といい，企業単一の財務諸表である個別財務諸表（Non-consolidated financial statements）と対比されますが，これについてはSubject 2 で学習します。

一方会計期間に関連して，Subject 1 レベルでは，会計期間を1年とする年次財務諸表のみ学習しますが，実務上は投資家への迅速な情報開示の観点から，

四半期（quarterly）ごとに情報を開示する中間財務報告（Interim Financial Reporting）があり，中間財務報告についてはSubject 2で学習します。

　さらに貨幣金額表示という点については，あくまで客観的に金額表示できるものが簿記上の対象となるものであり，たとえ企業文化や企業理念，社長の誠実性や社風慣行といったものが企業独自に固有の価値をもたらすものであったとしても，これらについては客観的に金額的な価値を測定できるものではないため，簿記の対象外となります。

EXERCISE 2

Determine whether each of the following sentences is correct or incorrect.
（次の文章の内容につき，正しいか否か答えなさい。）

（第13回問題35改題）

1) Income statement shows the company's financial position at a given date.
　　（損益計算書は，所定の日における会社の財政状態を示すものである。）
2) Balance sheet shows the result of the company's operation during a period.
　　（貸借対照表は，一定の期間における会社の経営成績を示すものである。）

【解答・解説】1), 2) ともに Incorrect
　1) の financial position を示すものが，Balance sheet　2) の result of operation を示すものが Income statement （または Profit and loss statement：通称P／L）です。

★ポイント★

貸借対照表（Balance sheet）の意義
　　期末における財政状態（Financial position）を示すもの
損益計算書（Income statement）の意義
　　一定期間の経営成績（Result of operation）を示すもの

第 1 章 簿記の基礎〜Basics of bookkeeping〜

3 資産（Assets）・負債（Liabilities）・資本（Equity）と会計等式（Accounting equation）

　貸借対照表については上述しましたが，ここでは簿記の構成要素として貸借対照表に関連する，資産（Assets）・負債（Liabilities）・資本（Equity または Stockholders' equity）をみていきたいと思います。

　資産（Assets）は，米国の財務会計概念基準書（Statements of Financial Accounting Concepts：以下 SFAC と略）第 6 号また国際財務報告基準（International Financial Reporting Standards：以下 IFRS と略）において，**将来の経済的便益（Future economic benefits）**と定義され，具体的には金銭的な価値（monetary value）を持つものや，企業の収益獲得活動や経営活動に貢献する経済的資源（economic resources）をいいます。

　資産はさらにより細かい具体的な形態を表す最小単位である勘定科目（Accounts）に分類され，資産を表す具体的な勘定科目としては，以下のものがあります。

現金（Cash）・・・所有している紙幣・硬貨
預金（Deposit）・・・普通預金（Savings account），定期預金（Time deposit）
売掛金（Accounts receivable）・・・商品を販売したとき，後日代金を受け取る権利。なお日本の簿記では，商品以外のものを販売したときは未収金として別途分けますが，海外では Accounts receivable で売掛金も未収金もあわせて表示します。ただし，商品を販売した場合を Accounts receivable-trade，商品以外のものの販売の場合を Accounts receivable-others と，区分して表示する場合もあります。
棚卸資産（Inventory）・・・在庫
貸付金（Loans receivable）・・・他人に金銭を貸し付けた場合，後日返済を受

ける権利
土地（Land）・・・店舗，事務所などの敷地
建物（Building）・・・店舗，事務所などの建物

　一方負債は，将来の経済的便益の犠牲（Future sacrifices of economic benefits）とされ，具体的には将来において一定の用役または金額を提供しなければならない義務を意味し，勘定科目としては以下のものがあります。

買掛金（Accounts payable）・・・掛けで商品を仕入れた際の代金を，後日支払わなければならない債務であり，商品以外のものの代金の後払いは日本では，未払金として別立て表示しますが，海外では未払金もAccounts payableに含めます。ただし売掛金と同様，商品の仕入の場合をAccounts payable-trade，商品以外の使用目的の固定資産等購入の場合をAccounts payable-othersと分ける場合もあります。
借入金（Loans payable）・・・銀行等から借り入れた金銭につき，後日返済しなければならない義務。

　さらに資本（Equity）は，資産から負債を控除した後の残余財産に対する持分（請求権）（Residual interest）又は所有者の持分（Ownership interest）とされ，株式会社では株主の持分（Interest of stockholders）となります。

　例えば資産が＄5,000あったとしても，負債が＄3,000あれば，それは当然返済を要するものであり，差額の＄2,000（＝＄5,000－＄3,000）が出資者の持分となり，株式会社であれば，出資者である株主に対して返還する必要がないという意味で，純粋に会社が保有する資産（純資産：Net assets）となります。よって資本は資産と負債の差額として，以下のように定義できます。

$$\boxed{\text{Assets（資産）}-\text{負債（Liabilities）}=\text{資本（Equity）}} \quad ①$$

第1章 簿記の基礎〜Basics of bookkeeping〜

　ここで資産は純資産である資本と対比する意味で，総資産（Gross assets）と呼ばれることもあります。
　一方，①式を変形すると，

$$\boxed{\text{Assets（資産）＝負債（Liabilities）＋資本（Equity）}}　②$$

となりますが，これを会計等式（Accounting equation）といい，頻繁に出題されるものですから，よく押さえておいてください。
　資本は株主からみた会社に対する持分ですが，負債は債権者（Creditors）からみた会社の持分といえますから，会計等式は会社の資産は債権者と株主の持分から成り立っていることを示すものといえます。

　なお資本に属する勘定はSubject 1では以下の2つだけ覚えれば結構です。
Common stock（資本金）・・・株主総会（General shareholders' meeting）に参加して意見を述べることができる議決権（Voting right）が付与された普通株式を，発行した対価として株主から払い込まれたお金。
Retained earnings（利益剰余金）・・・会社が稼ぎ出したNet income（純利益）の過去からの内部留保。

EXERCISE 3

Determine whether the following sentence is correct or incorrect.
（以下の文章の内容につき，正しいか間違いかを答えなさい。）
Liabilities owned by the company that have monetary value, are the company's economic resources.
（会社が保有し金銭的な価値を持つ負債は，会社の経済的な資源となる。）

（第17回問題1類題）

【解答・解説】Incorrect
　負債ではなく，資産（Assets）の定義となります。

EXERCISE 4

Which of the following correctly shows an accounting equation ?

（会計等式を正しく示しているものは次のうちどれか。）

（第13回問題1類題）

① Assets＝Liability（資産＝負債）
② Assets＝Liabilities－Equity（資産＝負債－資本）
③ Liabilities＝Equity－Assets（負債＝資本－資産）
④ Equity＝Liabilities－Assets（資本＝負債－資産）
⑤ Equity＝Assets－Liabilities（資本＝資産－負債）

【解答・解説】⑤

会計等式は

Assets（資産）＝負債（Liabilities）＋資本（Equity）

より，これを変形すれば

資本（Equity）＝資産（Assets）－負債（Liabilities）

となり，よって解答は⑤となります。

EXERCISE 5

Which of the following correctly shows an accounting equation ?

（会計等式を正しく示しているものは次のうちどれか。）

（第13回問題1類題）

① Assets＋Liabilities＝Stockholders' equity（資産＋負債＝資本）
② Assets＋Stockholders' equity＝Liabilities（資産＋資本＝負債）
③ Liabilities＋Stockholders' equity＝Assets（負債＋資本＝資産）
④ Liabilities－Assets＝Stockholders' equity（負債－資産＝資本）
⑤ None of the above（上記のいずれでもない）

【解答・解説】③

会計等式を文字どおり表現したものとして，③が解答となります。

4 収益（Revenue）・費用（Expense）

これまで貸借対照表とその要素をみてきましたが，今度は損益計算書の構成要素である収益（Revenue）と費用（Expense）を解説し，損益計算書の作成ルールをみていきます。

まず収益は，経済的便益の増加（Increases in economic benefits）とされ，販売活動や役務の提供を起因として，資本の増加（Increases in equity）をもたらすものをいい，例えば以下の勘定があります。
売上（Sales）・・・商品や製品を販売した対価
受取利息（Interest income）・・・お金を貸したことにより対価として受け取る利息

一方，費用は経済的便益の減少（Decreases in economic bebefits）とされ，具体的には経営活動によって資本の減少（Decreases in equity）をもたらすものをいい，例えば以下の勘定があります。
賃借料（Rent expense）・・・事務所の賃借に対して払う対価
支払利息（Interest expense）・・・資金の借入に対する対価として払う利息
支払給与（Salaries expense）・・・従業員に対して支払う人件費

そして収益と費用の差額，より正確にいえば収益の費用に対する超過額（excess of revenue over expense）として当期純利益（Net income）が計算され，これが会社にとっての純粋な儲けとなります。

収益（Revenue）－費用（Expense）＝当期純利益（Net income）

なお，上の式で，費用が収益を上回りマイナスとなった場合は，当期純損失（Net loss）となります。

EXERCISE 6

Which of the following is not included in the elements of financial statements？
（財務諸表の構成要素に含まれないものは，次のうちどれか。）

（第18回問題29改題）

① Assets（資産）
② Equity（資本）
③ Liabilities（負債）
④ Expense（費用）
⑤ None of the above（上記のいずれでもない）

【解答・解説】⑤
　財務諸表の構成要素として含まれないものを問うもので，解答の①資産，②資本，③負債，④費用の他，収益（Revenue）の5つが要素となります。選択肢の①から④はすべて含まれますので，解答は⑤となります。

5　会計等式（Accounting equation）と貸借対照表（Balance sheet）

先に貸借対照表を説明しましたが，これは会計等式（資産＝負債＋資本）より以下のような表となります。

貸借対照表

資産（Assets）	負債（Liabilities）
	資本（Equity）

第1章　簿記の基礎～Basics of bookkeeping～

　貸借対照表の作成ルールとしては，資産を左側（Left side）に，負債・資本を右側（Right side）に記載するというルールがあります。例えばプロ野球ではそれぞれの選手で守備の定位置が決まっていますが，ここでは資産・負債・資本についての定位置を正位置と呼び，資産については左側，負債・資本については右側を正位置として押さえてください。会計等式より，左側の資産合計と右側の負債・資本合計は必ず一致します。

　また株式会社において，資本は株式（Stock）を発行して株主（Stockholders）から調達した資金を，負債については債権者（Creditors）から調達した資金を意味し，負債については必ず債権者への返済が求められますが，資本については，株主に対し返済をする必要はなく，会社が自由に使えるお金という意味で純資産（Net assets）と呼ぶことができます。したがって貸借対照表の左側は，いわば会社がどのようにして資金を調達したか，つまり株主から調達した返済の必要のない資金なのか，あるいは債権者から調達した返済が必要な資金かという意味で，資本の調達形態を表すことに注意してください。

　一方，貸借対照表の右側の資産は，会社が負債または資本という形で調達した資金をどのような形態で運用しているかという，資本の運用形態を表すものとなります。つまり，資産については勘定科目の箇所で説明したように，現金（Cash），売掛金（Accounts receivable），建物（Buildings），備品（Equipment）といった様々な資産があり，会社によって資産をどのような形で保有しているかはまちまちです。

　例えば電力・ガス・鉄道などの業種では当然に建物（Buildings）や土地（Land）など長期にわたり使用する固定資産（Fixed assets）の保有割合が高くなるでしょうし，小売業では在庫を示す棚卸資産（Inventory）の保有割合が高くなるでしょう。他に有効な資金の運用機会がない会社ほど現金の保有割合が高くなり，またそうした会社ほど，買収のターゲットとなりやすいことが，

かつて話題となりました。したがって会社が調達した資本について，それらをどのような形で運用したか，その運用結果が右側の資産の内訳の勘定科目をみれば，わかることになります。

6 損益計算書（Income statement）の作成

これまで貸借対照表とその要素をみてきましたが，今度は損益計算書の構成要素である収益と費用を基に，損益計算書の作成ルールをみていきます。

損益計算書

費用（Expense）	収益（Revenue）
	利益（Net income）

ここで収益は右側，費用は左側に記載し，これが収益・費用の正位置となります。また当期純利益は収益の方が費用よりも多い場合の差額ですから，左側に記載します。なお，収益と費用の差額がマイナスとなった場合，つまり費用の方が収益よりも多い場合は当期純損失（Net loss）となりますが，これについては，当期純利益と反対側の右側に記載することになります。

7 貸借対照表と損益計算書の関係（Relationship between balance sheet and income statement）

これまで貸借対照表と損益計算書に関連して簿記の構成要素である資産・負債・資本・収益・費用の5つの要素をみてきましたが，ここで両者の関係についてみていきましょう。前述したとおり，貸借対照表は一（定）時点の財政状態（Financial position at a given date）を示すもので，ストック表としての意味合いを持つものであるのに対し，損益計算書は一定期間の経営成績（Result of operation during a certain period）を示すもので，フロー表としての意味を

第1章 簿記の基礎〜Basics of bookkeeping〜

持ちます。

　また先に述べたとおり，会計期間（Accounting period）は通常1年間で考え，期間の初めを示す期首と期の終わりを示す期末とがあり，期末時点の貸借対照表が作成されるとともに，期首から期末までの1年間について損益計算書が作成されることになります。

　ここである会計期間の期首において，資産が＄30，負債が＄10の会社を考えます。当期において収益が＄15，費用が＄5であった場合，期末の貸借対照表はどうなるでしょうか。1年間の当期純利益は，＄10（＝＄15－＄5）と計算されることは簡単にわかりますが，この純利益を期末の貸借対照表作成においてどのように反映させるべきでしょうか。

　この問題を考えるにあたり，例えば皆さんの朝起きたときの財布の中身が＄20でこれが純資産（会社で言えば資本）とします。今日1日でアルバイトして＄15を現金で貰い，＄5を使った場合，正味の儲けは＄10となり，盗まれたり現金を落とさない限り，財布の現金は＄30となっているはずです。いってみれば1日を会計期間とした場合，期首つまり朝の財布の純資産は現金＄20，そして今日1日の純利益は＄10，結果として期末つまり夜の純資産は利益と同額増え＄30になったわけです。

　この例からわかるように，損益計算書において1年間の経営活動の結果としてフローの利益が出た場合，その利益は期末においてストックとしての純資産，つまり資本の増加（Increase in equity）という形で貸借対照表に引き継がれます。また逆にフローとしての純損失が出た場合，それは逆にストックとしての純資産（＝資本）を減らす（Decrease in equity）形で，期末の貸借対照表に引き継がれるわけです。

以上の関係を図解すると以下のようになります。

図1　貸借対照表と損益計算書の関係

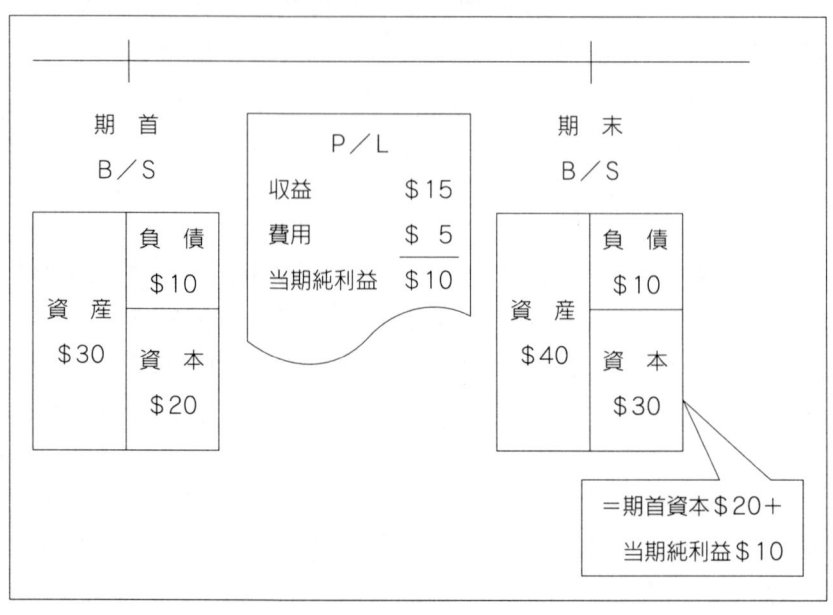

上記からわかるように，会社が利益を出せばその分期末において貸借対照表の資本が増えていくのに対し，損失が出れば，逆に資本が同額減少していく結果となります。期首の資本が＄20の会社は，もし当期1年間の損失が＄20を超えれば期末の資本は期首の資本を食いつぶし，マイナスの状態となり，債務超過へと転落していくわけです。

なお，損益計算書において計算された1年間の利益は，貸借対照表上は資本の中で，利益剰余金（Retained earnings）という勘定に吸収されます。

利益剰余金勘定には毎年損益計算書において計上された当期純利益の累積額が繰り越されていく形となり，株主への配当（Dividends）もここから行われます。したがって配当を実施すればそれだけ利益剰余金が減少し，会社の資本も

第1章　簿記の基礎〜Basics of bookkeeping〜

減少することになります。英語でいう Retained の Retain は留保するという意味があり，配当を実施しないで，もしくは配当を実施した後で会社内部に留保した利益という意味で使っています。

★ポイント★　当期純利益（損失）と資本の関係

当期純利益（Net income）
　利益剰余金（Retained earnings）の増加を通し資本（Equity）は増加
当期純損失（Net loss）
　利益剰余金を減少させ，資本も減少

EXERCISE 7

Regarding relationship between net income／loss and retained earnings, which of the following is incorrect？

（次のうち，当期純利益または当期純損失と利益剰余金の関係につき，間違った内容を示しているのはどれか。）

（第18回問題15改題）

① Net income increases retained earnings.
　（当期純利益は利益剰余金を増やす。）
② Net income decreases retained earnings.
　（当期純利益は利益剰余金を減少させる。）
③ Net loss decreases retained earnings.
　（当期純損失は，利益剰余金を減少させる。）
④ Net income affects retained earnings.
　（当期純利益は利益剰余金に影響する。）
⑤ Net loss affects retained earnings.
　（当期純損失は，利益剰余金に影響する。）

【解答・解説】②

　Net income は貸借対照表の資本の項目である Retained earnings を増やし，利益剰余金に影響し，また Net loss は Retained earnings を減らし，利益剰余金に影響します。よって，①，③，④及び⑤の内容は正しく，正しくないのは，Net income が retained earnings を減らすとする，②となります。

EXERCISE 8

Which of the following sentences is incorrect ?
（次の文章のうち，内容が間違っているものはどれか。）

（第18回問題15改題）

① 　Net income increases equity.（当期純利益は資本を増やす。）
② 　Net loss decreases equity.（当期純損失は資本を減らす。）
③ 　Revenue decreases equity.（収益は資本を減らす。）
④ 　Expense decreases equity.（費用は資本を減らす。）
⑤ 　Revenue affects equity.（収益は資本に影響する。）

【解答・解説】③

　資本の要素は，資本金（Common stock）と利益剰余金（Retained earnings）からなり，利益剰余金は過去からの利益の内部留保ですから，当期純利益は利益剰余金の増加を通じ資本を増やし，当期純損失は利益剰余金を減らし資本を減らします。
　また収益は当期純利益の増加，費用は当期純利益の減少につながり，利益剰余金の増加と減少を通して，それぞれ資本の増加と資本の減少をもたらします。よって，③の，収益は資本を減らす，とする文章が間違いとなります。

8 仕訳（Journal entry）の基本

　ではこれまでの知識を前提に，いよいよ簿記のスタート地点となる仕訳（Journal entry）を学習していきます。仕訳とは，簿記の5つの構成要素である資産・負債・資本・収益・費用が増減したときに簿記上行う処理をいい，さらに資産・負債・資本・収益・費用を増減させる事象を取引（Transaction）といいます。

　すなわち言い換えれば，簿記上でいう取引について仕訳を行うことになり，通常の意味でいう取引であっても簿記の5つの要素に増減をもたらさないものについて，仕訳を行うことはありません。
　例えば，土地の賃貸借契約については，通常の意味でいう取引ですが，賃貸借契約を交わしただけで，簿記の5つの要素のいずれかに増減をもたらすことはありません。契約を交わした上で，契約書の作成費用を支払ったり，手付金を支払ったりした段階で初めて費用が発生したり，資産が減少することになり，その意味で賃貸借契約は簿記上の取引には該当しないことになります。

　一方，通常の意味でいう取引には該当しないものの，簿記上の取引に該当するものとしては，現金の紛失や盗難などがあります。これは現金がなくなることで，資産の減少をもたらし，かつそれだけ損失（費用）が発生したことになるからです。
　また簿記上の意味でも通常の意味でも取引に該当するものとしては，商品の仕入や売上，銀行借入があります。

では，これまでの知識を前提に以下の例題にチャレンジしてください。

> **Example 1**
>
> 次の①から⑤は簿記上の取引に該当しますか？
> ① 銀行から現金＄100を借りた。
> ② 土地＄30,000の購入契約を交わした。
> ③ 保険料＄300を現金で支払った。
> ④ 火災によって商品＄20が燃えた。
> ⑤ 1ヶ月＄30で事務所の賃貸借契約を結んだ。

【解答・解説】
① 該当する。資産である現金が＄100増加し，負債である借入金が＄100増加するから。
② 該当しない。契約を交わしただけで，それに伴い簿記の5つの要素のいずれかに増減があったわけではないから。
③ 該当する。費用である保険料＄300が発生し，資産である現金が同額減少するから。
④ 該当する。資産である商品＄20がなくなり，それによって損失（費用）＄20が発生するから。
⑤ 該当しない。契約を結んだだけであり，それだけで簿記上の5つの要素に何ら増減はない。

EXERCISE 9

XYZ Company made a contract with ABC Company for selling its goods. In the contract, ABC Company promised to pay ＄50,000 for the goods within 8 days after the delivery date. What journal entry should both companies make at the date of contract？

（ＸＹＺ社は，ＡＢＣ社と商品の販売契約を交わした。契約上，ＡＢＣ社は商品の引渡し日から8日以内に代金＄50,000を支払うこととなっている。契約日

第1章　簿記の基礎〜Basics of bookkeeping〜

においてＸＹＺ社とＡＢＣ社の双方が行うべき仕訳を示せ。）

(第14回問題6類題)

【解答・解説】

No journal entry is necessary.（仕訳は不要である。）

　両社ともに商品の販売契約を交わしただけで，代金の一部を先に受け払いしていることはありませんから，契約日において資産・負債・資本・収益・費用に何ら動きはありません。よって，契約日において簿記上でいう取引（Transaction）はなく，よって両社共に仕訳は不要となります。

9　仕訳と複式簿記（Double-Entry bookkeeping）

　ここから，仕訳の具体的な作業を説明していくにあたって，1）「銀行からお金を＄300借りた」という取引と，2）「家賃＄200を現金で支払った」という2つの取引を例に挙げて考えてみます。まず1），2）の取引をそれぞれ分解して勘定科目（Account）で考えると，
1）現金（Cash）＄300の増加・・・資産の増加
　　借入金（Loans payable）＄300の増加・・・負債の増加
2）支払家賃（Rent expense）＄200の発生・・・費用の発生
　　現金（Cash）＄200の支払・・・資産の減少
となり，1）では，同じ＄300という金額を媒介として，現金（資産）の増加と，借入金（負債）の増加とが結びつき，2）は，同じ＄200の金額を媒介として，家賃（費用）の発生と現金（資産）の減少とが結びついています。

　以上より，取引は資産・負債・資本の増加・減少及び収益・費用の発生（増加）・減少の要素が同一の金額を媒介として，必ず相対して結びついており，これを取引の二面性（Dual aspect）といいます。

これを仕訳で表現するのにどうすべきかを考える際に役立つのが，先に貸借対照表及び損益計算書の基本形で述べた正位置となります。貸借対照表から資産・負債・資本の正位置は順に，右・左・左，損益計算書から収益・費用の正位置は順に，右・左でした。なおこれまで，右・左として表現してきたものにつき，ここからは簿記上の専門用語を用い，左の位置を借方（Debit 略して Dr. ともします），右の位置を貸方（Credit 略して Cr. ともします）として覚えてください。

　そして仕訳をする際の基本ルールとしては，①増加又は発生を正位置に，減少をその反対側とする，②貸借平均の原理（1つの取引につき，借方・貸方それぞれの金額は必ず一致する）という2つのものがあります。①のルールを表で示せば以下のようになります。

	借方（Debit）	貸方（Credit）
資産（Assets）	増　加	減　少
負債（Liabilities）	減　少	増　加
資本（Equity）	減　少	増　加
収益（Revenue）	減　少	発生（増加）
費用（Expense）	発生（増加）	減　少

　これは仕訳を行う際の根本ルールですので，貸借対照表・損益計算書の基本形から誘導できるようになる必要があり，この際以下の図が参考となります。

図2 資産・負債・資本・収益・費用と貸借対照表・損益計算書

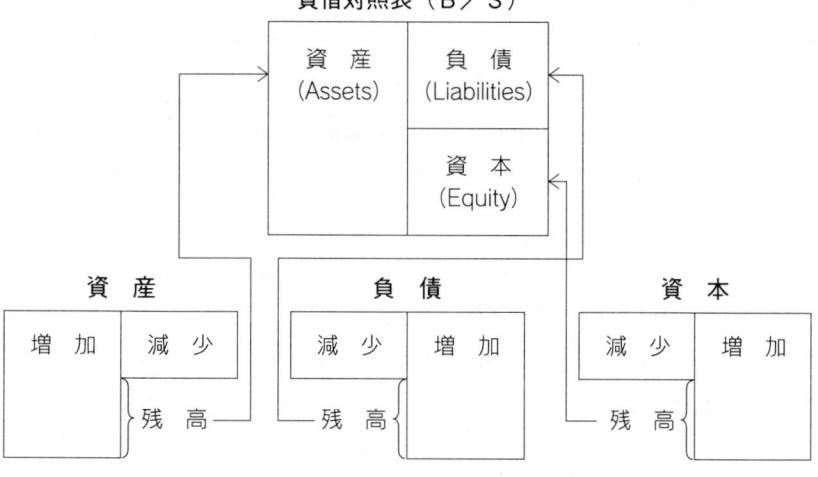

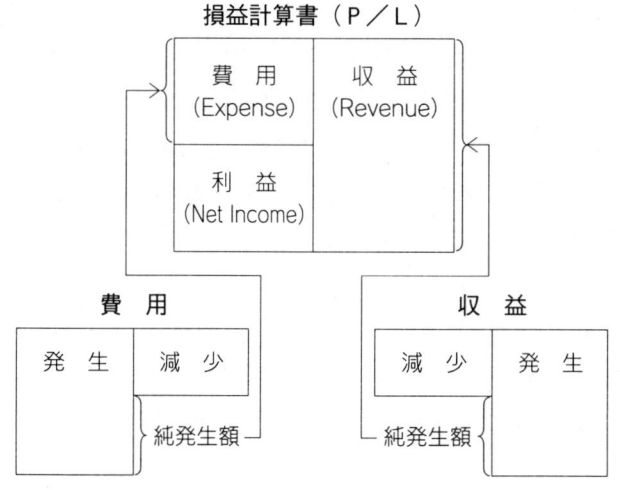

　このルールに従い1），2）の仕訳を書くとどのようになるでしょうか。取引の分解でみたように，1）は資産である現金と，負債である借入金がともに＄300増加しており，資産の増加は借方，負債の増加は貸方で，借方，貸方は

それぞれ左・右に対応していますから，以下のように仕訳します。

  Dr. Cash   300
    Cr. Loans payable   300

　ここでDr.とCr.はそれぞれDebit（借方），Credit（貸方）を示しますが，省略することもできます。そして対応する勘定科目（Account）を書き，その横に金額を書きます。

　次に2）ですが，費用である支払家賃の発生と，資産である現金の減少とがともに同一の＄200だけ生じており，家賃の発生は正位置側の借方，現金の減少は正位置の反対側の貸方ですから，以下の仕訳となります。

  Dr. Rent expense   200
    Cr. Cash   200

　なおこれまでみてきた取引は借方，貸方ともに1つの勘定しか出てきませんでしたが，借方が1つに対し，貸方が複数，ないしはその逆，または借方・貸方双方ともに複数の勘定で計上される仕訳もあり，この場合でも借方・貸方それぞれの合計金額は必ず一致します。例えば，＄1,000の土地を購入し，代金のうち＄300は現金で支払い，残りの代金は来月支払うものとします。この場合，代金の未払分は，未払金（Accounts payable）として，以下のように仕訳します。

  Dr. Land   1,000
    Cr. Cash   300
      Accounts payable 700

　土地（Land）は資産で購入により増加していますから借方，現金（Cash）＄300を支払い資産が減少していますから貸方，残額＄700は来月相手に対する支払義務が生じますから，負債の増加として貸方に記載します。
　以上のように，取引について借方と貸方に分けて仕訳として表現することを，

第1章 簿記の基礎～Basics of bookkeeping～

複式簿記システム（Double-entry bookkeeping system）といいます。

では，これまでの知識を前提として，以下の例題の仕訳を考えてみてください。

> **Example 2**
>
> ①　4月1日　銀行から現金＄500を借り入れた。
> ②　4月10日　給料＄100を現金で支払った。
> ③　4月15日　土地を＄2,000で購入し，代金＄200を支払い，残額は来月支払うこととした。
> ④　4月30日　機械を＄50で購入した。

【解答・解説】

① Dr. Cash　　　　　　　　　　　500
　　Cr. Loans payable　　　　　　　500

資産である現金（Cash）＄500の増加は借方，負債である借入金（Loans payable）の増加は貸方です。

② Dr. Salaries expense　　　　　100
　　Cr. Cash　　　　　　　　　　　100

費用である給料（Salaries expense）の発生は借方，資産である現金の減少は貸方です。

③ Dr. Land　　　　　　　　　　 2,000
　　Cr. Cash　　　　　　　　　　　200
　　　　Accounts payable　　　　 1,800

資産である土地が購入により増加したため借方に，資産である現金が減少し貸方に，負債である未払金が増加したので貸方に計上します。

④　Dr. Machinery　　　　　　　　　50
　　　Cr. Cash　　　　　　　　　　　　　50

資産である機械が購入により増加したため借方に，資産である現金が減少したため貸方に計上します。

EXERCISE 10

Determine whether the following sentence is true or false.
（以下の各文章の内容につき，正しいか誤りかを答えよ。）

（第16回問題27類題）

Where the single-entry bookkeeping system is used, there are equal debit and credit entries for all transactions.
（単式簿記システムによれば，すべての取引の仕訳につき借方と貸方は等しくなる。）

【解答・解説】False
　単式簿記ではなく，複式簿記（Double-entry bookkeeping system）となります。

EXERCISE 11

Determine whether each of the following is debited or credited and circle the right answer in the answer sheet.
（以下の各取引につき，借方か貸方のいずれに記入されるか，解答欄の正しい方に○をつけなさい。）

（第15回問題31類題）

1）Increase of cash（現金の増加）　　　　　　Debit　Credit
2）Increase of notes payable（支払手形の増加）　Debit　Credit

第1章 簿記の基礎～Basics of bookkeeping～

3） Decrease of land（土地の減少）　　　　　　　Debit　Credit
4） Decrease of interest payable（未払利息の減少）　Debit　Credit
5） Decrease of prepaid expense（前払費用の減少）　Debit　Credit
6） Increase of retained earnings（利益剰余金の増加）Debit　Credit
7） Decrease of sales（売上の減少）　　　　　　　Debit　Credit
8） Decrease of insurance expense（保険料の減少）　Debit　Credit
9） Decrease of common stock（資本金の減少）　　Debit　Credit
10） Decrease of interest income（受取利息の減少）　Debit　Credit

【解　答】

1） Increase of cash　　　　　　　　(Debit)　Credit
2） Increase of notes payable　　　　Debit　(Credit)
3） Decrease of land　　　　　　　　Debit　(Credit)
4） Decrease of interest payable　　(Debit)　Credit
5） Decrease of prepaid expense　　Debit　(Credit)
6） Increase of retained earnings　　Debit　(Credit)
7） Decrease of sales　　　　　　　(Debit)　Credit
8） Decrease of insurance expense　Debit　(Credit)
9） Decrease of common stock　　　(Debit)　Credit
10） Decrease of interest income　　(Debit)　Credit

【解　説】

1） 現金は資産であり，その増加につき，Debit
2） 支払手形は負債につき，その増加は，Credit
3） 資産である土地の減少につき，Credit
4） 負債である未払利息*の減少につき，Debit
5） 資産である前払費用*の減少につき，Credit
6） 資本である利益剰余金の増加につき，Credit

7）収益である売上の減少につき，Debit
8）費用である支払保険料の減少につき，Credit
9）資本である資本金の減少につき，Debit
10）収益である受取利息の減少につき，Debit

＊未払利息と前払費用については第5章で学習します。

10　T勘定への転記（Posting to T-account）

　Example 2 では，すべての取引（Transaction）において現金（Cash）が出てきましたが，その結果として最終的に現金がいくら手許に残ったでしょうか。取引が発生すると，その仕訳は仕訳帳（Journal）という帳簿に記入されます。そしてすべての勘定（Accounts）を1冊にまとめた元帳（Ledger）という帳簿が別途設けられ，各勘定の最終的な金額は仕訳帳から元帳に転記（Posting）することで確定します。例えば現金については，仕訳帳から現金勘定を拾い，元帳上の現金勘定に転記し，それを集計した結果として，最終的に残った金額を残高（Account balance）といいます。そして，この残高の算定にあたり用いられるのがT勘定（T-account）となります。なお元帳は，総勘定元帳（General ledger）とも呼ばれます。

　これは各勘定につき以下のように，T型を書き，その左側（left side）・右側（right side）を借方（Debit）・貸方（Credit）にみたてて，仕訳に応じて借方・貸方に転記していくものです。先のExample 2（P25）の①～④につき，現金（Cash）のT勘定を作り，転記した結果は以下のとおりです。

T勘定への転記の仕方

Cash			
① Apr. 1　500	② Apr. 10　100
	③ Apr. 15　200
	④ Apr. 30　50

第1章 簿記の基礎〜Basics of bookkeeping〜

　図をみていただくとわかりますように，Cashという勘定の下にT字型を書き，4月1日の取引はCashの増加ですから，T勘定の左側の借方に記入し，一方4月10日と15日及び30日の取引は，Cashの減少ですから，T勘定の右側の貸方に記入します。

　すると4月の取引の結果としての月末残高は，借方合計と貸方合計を計算してその差額として算定することができます。ここで借方合計は＄500，貸方合計は＄350（＝＄100＋＄200＋＄50）ですから，その差額は＄150（＝＄500－＄350）となり，4月の月末の現金残高（Cash balance）は借方残高（Debit balance）の＄150となることがわかります。

　なお勘定残高は簿記上の5つの構成要素の属性に応じて必ず正位置側に残ります。つまり現金は資産ですから，資産の正位置たる借方に残高が残るわけです。したがって，T勘定に，仕訳から転記を行って最終的な残高が正位置の反対側に残るようなことがあれば，それは転記の段階でミスがあったか，計算間違いがあったことを意味しますので，注意してください。

　またこれより，負債と資本及び収益は貸方残高（Credit balance），費用は借方残高（Debit balance）となります。復習となりますが，先の仕訳の記入ルールとあわせてT勘定への各要素の記入ルールを示しておきます。

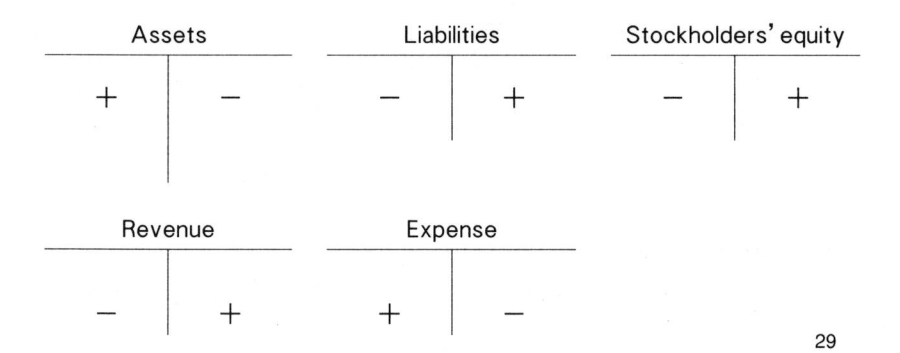

Assets	Liabilities	Stockholders' equity
＋ ｜ －	－ ｜ ＋	－ ｜ ＋

Revenue	Expense
－ ｜ ＋	＋ ｜ －

EXERCISE 12

Determine whether the following sentence is correct or incorrect.
（以下の文章が正しいか答えよ。）

When an accountant needs to know the balance of accounts receivable, he／she checks sales journal.
（経理担当者が売掛金残高を知りたい場合，売上帳を確かめる。）

（第13回問題29類題）

【解答・解説】Incorrect
　売掛金にかかわらず，すべての勘定残高を知りたい場合には，すべての勘定を1冊にまとめた元帳（Ledger）をチェックします。

EXERCISE 13

Following is the accounts receivable account of ABC Company in the first month of business. What is the ending balance ?
（以下はＡＢＣ社における営業開始月の売掛金勘定である。月末残高はいくらか。）

（第18回問題9改題）

Accounts receivable			
3	5,300	5	2,700
4	5,700	7	3,500
16	2,000	18	2,500
		21	3,100

【解答・解説】＄1,200
　借方合計（Debit total）は＄13,000，貸方合計（Credit total）は＄11,800に

第1章 簿記の基礎〜Basics of bookkeeping〜

つき，残高は差額の＄1,200（＝13,000－11,800）となり，これをT勘定では以下のように表します。なお Bal. は，Balance（残高）の略で，期首残高は Beginning balance, 期末残高は Ending balance といいます。

```
           Accounts receivable
       3     5,300    5     2,700
       4     5,700    7     3,500
      16     2,000   18     2,500
      _____  21     3,100
      Bal.   1,200
```

EXERCISE 14

```
    Accounts receivable              Sales
         2,000                                2,000
```

Which of the following most appropriately describes the above transaction ?
（上記の取引を最も適切に示したものは次のうちどれか。）

（第16回問題5改題）

① Recognized revenue.（収益を認識した。）
② Recognized expense.（費用を認識した。）
③ Returned merchandise.（商品を返品した。）
④ Paid cash.（現金を支払った。）
⑤ Received cash.（現金を受け取った。）

【解答・解説】①
　売掛金勘定の借方に＄2,000，売上勘定の貸方に＄2,000ですから仕訳は
　　Dr. Accounts receivable　　　　2,000
　　　　Cr. Sales　　　　　　　　　　　2,000

となります。

　本取引により売掛金という資産（Assets）が増加し，売上という収益（Revenue）を認識しますから，①が正解となります。

EXERCISE 15

MEG Company borrowed $2,000 from the bank. Select the most appropriate number to fill in A and B of the T-account.

（ＭＥＧ社は，銀行から$2,000を借りた。以下のＡとＢに入れるものとして最も適切なものを選びなさい。）

（第16回問題9類題）

```
_____( A )_____        _____( B )_____
   2,000 |                           |  2,000
```

	A	B
①	Cash	Accounts payable
②	Cash	Loans payable
③	Loans payable	Cash
④	Accounts receivable	Cash
⑤	Accounts payable	Cash

【解答・解説】②

　仕訳は以下のとおりです。

　　Dr. Cash　　　　　　　　　　2,000
　　　Cr. Loans payable　　　　　2,000

　元帳の借方・貸方と，仕訳の借方・貸方は対応関係にあり，（A）は借方，（B）は貸方ですから，解答は②となります。

第1章　簿記の基礎～Basics of bookkeeping～

EXERCISE 16

XYZ Company bought a machinery on account. What is the net effect on the amount of assets, liabilities, and equity?

（ＸＹＺ社は機械を掛けで購入した。この取引が，資産，負債及び資本に与える影響は次のうちどれか。）

（第16回問題23類題）

	Assets	Liabilities	Equity
①	Decrease	Decrease	No effect
②	Decrease	No effect	Decrease
③	No effect	No effect	No effect
④	No effect	Increase	Decrease
⑤	Increase	Increase	No effect

【解答・解説】⑤

仕訳を示すと以下のとおりです。

　　Dr. Machinery　　　　　　　　　××　　Assetsの増加
　　　Cr. Accounts payable　　　　　××　Liabilitiesの増加

会計等式を変形すると，資産－負債＝資本ですが，ここで資産と負債が同額増えます（Increase）ので，その差額としての資本に影響はありません（No effect）。よって，解答は⑤です。

EXERCISE 17

MELG Company paid utilities expense with cash. What is the net effect on the amount of assets, liabilities and equity?

（ＭＥＬＧ社は，水道光熱費を現金で支払った。これが資産・負債・資本に与える影響を答えなさい。）

（第16回問題23類題）

	Assets	Liabilities	Equity
①	Decrease	Decrease	No effect
②	Decrease	No effect	Decrease
③	No effect	No effect	No effect
④	No effect	Increase	Decrease
⑤	Increase	No effect	Increase

【解答・解説】②

仕訳は以下のとおりです。

　　Dr．Utilities expense　　　　　　××　　Expenseの増加
　　　Cr．Cash　　　　　　　　　　　　××　Assetsの減少

費用（Expense）が発生し，資産（Assets）は減少（Decrease），負債（Liabilities）に変化はありません（No effect）が，費用の発生により利益（Net income）は減少（Decrease）し，これは資本の要素であるRetained earningsを減少（Decrease）させ，結果として資本は減少（Decrease）します。よって解答は②となります。

EXERCISE 18

What effects does each of the following transactions have on assets and equity？ Circle right answers in the answer sheet.
（以下の各取引が資産・資本に与える影響はどれか，正しいものに○をしなさい。）

（第17回問題36類題）

Transaction A　Accrued interest payable.（未払利息を計上した。）
Transaction B　Received notes receivable in payment of accounts receivable.
　　　　　　　（売掛金の決済として手形を受け取った。）
Transaction C　Received cash for sales.（売上代金として現金を受け取った。）

第1章 簿記の基礎〜Basics of bookkeeping〜

Transaction D　Paid cash for salaries.（給料として現金を支払った。）

Transaction A
| Assets | Increase | Decrease | No effect |
| Equity | Increase | Decrease | No effect |

Transaction B
| Assets | Increase | Decrease | No effect |
| Equity | Increase | Decrease | No effect |

Transaction C
| Assets | Increase | Decrease | No effect |
| Equity | Increase | Decrease | No effect |

Transaction D
| Assets | Increase | Decrease | No effect |
| Equity | Increase | Decrease | No effect |

【解　答】

Transaction A
| Assets | Increase | Decrease | (No effect) |
| Equity | Increase | (Decrease) | No effect |

Transaction B
| Assets | Increase | Decrease | (No effect) |
| Equity | Increase | Decrease | (No effect) |

Transaction C

| Assets | (Increase) | Decrease | No effect |
| Equity | (Increase) | Decrease | No effect |

Transaction D

| Assets | Increase | (Decrease) | No effect |
| Equity | Increase | (Decrease) | No effect |

【解　説】各取引の仕訳は以下のとおりです。

Transaction A

　　Dr. Interest expense　　　　　　××　　Expenseの増加
　　　Cr. Interest payable　　　　　××　Liabilityの増加

　AssetsはNo effectですが，会計等式よりLiabilityの増加によりEquityは減少（Decrease）します。またExpenseの発生により，Net incomeが減少するので，Retained earningsも減少し，結果としてEquityも減少するとも考えられます（未払利息については詳しくは第5章で扱います）。

Transaction B

　　Dr. Notes receivable　　　　　AssetsのIncrease
　　　Cr. Accounts receivable　　AssetsのDecrease

　Assetsは同額増減しますので，影響はなく，結果としてEquityにも影響はありません。

Transaction C

　　Dr. Cash　　　　　　　　　　××　　Assetsの増加
　　　Cr. Sales　　　　　　　　　××　Revenueの増加

　Assetsは増加，Liabilityに動きはないので，会計等式よりEquityは増加します。

第1章 簿記の基礎～Basics of bookkeeping～

Transaction D
 Dr. Salaries expense   ××   Expenseの増加
 Cr. Cash   ×× Assetsの減少

 Assetsは減少し，Liabilityに動きはありませんので，会計等式よりEquityも減少します。なおExpenseの発生により，Net incomeは減少し，Retained earningsが減るので，Equityが減少するとも考えられます。

EXERCISE 19

Which of the following transactions increases the amount of liabilities ?
（次の取引のうち，負債の額を増やすものはどれですか。）

（第16回問題2改題）

① Bought machinery with cash.（現金で機械を購入した。）
② Bought machinery on account.（機械を掛けで購入した。）
③ Bought office supplies with cash.（事務用消耗品を現金で購入した。）
④ Issued common stock.（株式を発行した。）
⑤ None of the above.（上記のいずれでもない。）

【解答・解説】②
 負債の増加取引を問うもので，②では機械を掛けで購入していますので，以下の仕訳となり，負債が増加します。
 Dr. Machinery   ××
 Cr. Accounts payable   ×× 負債の増加

EXERCISE 20

Classify the following accounts into assets, liabilities, equity, revenues and expenses.
（以下の勘定科目を資産・負債・資本・収益・費用に分類しなさい。）

（第14回問題33類題）

（ 1 ）　Common stock

（ 2 ）　Interest income

（ 3 ）　Loans payable

（ 4 ）　Unearned revenue

（ 5 ）　Salaries expense

（ 6 ）　Office supplies

（ 7 ）　Notes payable

（ 8 ）　Retained earnings

（ 9 ）　Prepaid expense

（10）　Interest payable

（11）　Rent receivable

（12）　Cash

（13）　Inventory

（14）　Cost of goods sold

（15）　Accounts receivable

（16）　Accounts payable

（17）　Dividends payable

【解答・解説】

（ 1 ）　Common stock（資本金）・・・資本

（ 2 ）　Interest income（受取利息）・・・収益

（ 3 ）　Loans payable（借入金）・・・負債

（ 4 ）　Unearned revenue（前受収益）・・・負債

（ 5 ）　Salaries expense（支払給与）・・・費用

（ 6 ）　Office supplies（事務用消耗品）・・・資産

（ 7 ）　Notes payable（支払手形）・・・負債

第1章　簿記の基礎～Basics of bookkeeping～

（8）　Retained earnings（利益剰余金）・・・資本
（9）　Prepaid expense（前払費用）・・・資産
（10）　Interest payable（未払利息）・・・負債
（11）　Rent receivable（未収家賃）・・・資産
（12）　Cash（現金）・・・資産
（13）　Inventory（棚卸資産）・・・資産
（14）　Cost of goods sold（売上原価）・・・費用
（15）　Accounts receivable（売掛金）・・・資産
（16）　Accounts payable（買掛金）・・・負債
（17）　Dividends payable（未払配当金）・・・負債

　Expenseは費用ですから，基本的に～expenseとあるものは費用（ただし第5章でみるPrepaid expense（前払費用）は資産，Accrued expense（未払費用）は負債となるので注意），またreceivable（債権）は資産ですから，～receivableとあるものは資産，payableは支払義務を示す負債ですから，～payableとあるのは負債，またincome（またはrevenue）は収益ですから，基本的に～income（revenue）とあれば収益（ただし，第5章でみるUnearned income（前受収益）は負債，Accrued income（未収収益）は資産となるので注意）と覚えておくと便利です。
　なお資本については，Subject 1レベルでは，Common stock（資本金）とRetained earnings（利益剰余金）しか出てきませんので，これだけ覚えておいてください。

> 勘定科目の資産・負債・資本・収益・費用分類のポイント
> 〜receivable・・・資産（Assets）
> 〜payable・・・負債（Liabilities）
> 〜expense・・・費用（Expenses）（ただしPrepaid expenseは前払費用につき資産，Accrued expenseは未払費用につき負債）
> 〜income（revenue）・・・収益（Revenues）（ただしUnearned income（revenue）は前受収益で負債，Accrued income（revenue）は未収収益で資産）
> 資本（Equity）・・・Common stockとRetained earningsのみ。

EXERCISE 21

Which of the following is included in assets ?

（次のうち，資産に含まれるものはどれか。）

（第17回問題3類題）

a．Interest income

b．Bonds payable

c．Unearned rent

① a. only
② b. only
③ a. and c. only
④ All of the above
⑤ None of the above

【解答・解説】⑤

　Interest income（受取利息）は収益（Revenue），Bonds payable（社債）と

Unearned rent（前受家賃）は負債（Liabilities）ですから、いずれも資産には該当しません。

EXERCISE 22

Which of the following is included in liabilities？
（次のうち負債に含まれるものはどれか。）

(第17回問題4 類題)

a． Salaries expense
b． Prepaid rent
c． Loans payable

① a. only
② c. only
③ a. and b. only
④ All of the above
⑤ None of the above

【解答・解説】②

　Salaries expense（支払給与）は費用（Expense）、Prepaid rent（前払家賃）は資産（Assets）、Loans payable（借入金）は負債ですので、解答は②となります。

EXERCISE 23

Which of the following is included in stockholders' equity？
（次のうち資本に含まれるものはどれか。）

(第17回問題3 類題)

a．Common stock
b．Retained earnings
c．Unearned revenue

① a. only
② c. only
③ a. and b. only
④ All of the above
⑤ None of the above

【解答・解説】③
　Subject 1 では，資本に分類されるものは Common stock（資本金）と Retained earnings（利益剰余金）だけ覚えておけば結構です。Unearned revenue（前受収益）は負債（Liabilites）です。よって解答は③となります。

11　資産・負債の流動固定分類の基準

　資産・負債は流動（Current）と固定（Non-current）とに分類されますが，その区分については基本的には正常営業循環基準（Normal operating cycle base）によって，製造業であれば，原材料の仕入，代金の支払，製造，販売，代金の回収といった企業の正常な営業過程内にあるものを流動とし，これによれば売掛金や買掛金，棚卸資産は正常な営業サイクル内にあるものとして，流動項目とされます。

　一方こうした営業サイクル外にあるものについては1年基準（One-year rule）によって期末日から1年以内に現金化または支払期限が到来するものを流動，1年を超えるものを固定と分類されます。

　流動資産（Current assets）の主なものは，現金（Cash），売掛金（Accounts

第1章　簿記の基礎～Basics of bookkeeping～

receivable），棚卸資産（Inventory），流動負債（Current liabilities）については，買掛金（Accounts payable）や支払手形（Notes payable），未払費用（Accrued expense）が主なものとして挙げられます。

　一方，固定資産（Noncurrent assets）についてはさらに，企業が1年を超えて長期に渡って使用する，物理的な形態を有する土地（Land），建物（Buildings），機械装置（Machinery）等の有形固定資産（Property, Plant and Equipment：PPE）と，物理的な形態を有さないものの，企業にとって長期に渡り収益獲得活動に貢献する，特許権（Patent）や著作権（Copyright），商標権（Trademark）等の法律的な権利やのれん（Goodwill）等の無形固定資産（Intangible assets）に区分されますが，Subject 1 の試験において無形固定資産はそう気にする必要はないでしょう。

　また試験では，固定資産については，貸借対照表上 Noncurrent asset としてよりは，有形固定資産（Property, Plant and Equipment：PPE）として表示されることがほとんどですので注意が必要です。

　固定負債（Noncurrent liabilities）は，社債（Bonds payable）と長期借入金（Long-term loans payable）の2つを覚えておいて頂ければ結構です。

　なお，基本的には期末から1年以内に回収されるあるいは支払期限が到来するものを流動，1年を超えるものを固定として覚えても構いません。

　これまでの知識を基に，BATIC の Subject 1 レベルでは，勘定科目と資産・負債・資本・収益・費用の分類，また資産・負債の流動固定分類については，最終的に以下の表を押さえておいて頂ければ試験対策として十分です。

Assets（資産）
　Current assets（流動資産）
　　　　　　　Cash（現金）
　　　　　　　Deposit（預金）

43

                Inventory（棚卸資産）
                Accounts receivable（売掛金または未収金）
                Prepaid expense（前払費用）
                Accrued revenue（未収収益）
                Rent receivable（未収家賃）
                Office supplies（事務用消耗品）
        Fixed assets／Noncurrent assets（固定資産）
            Property, Plant & Equipment（有形固定資産）
                Land（土地）
                Building（建物）
                Equipment（設備）
                Machinery（機械）
            Intangible assets（無形固定資産）
                Patent（特許権）
                Goodwill（のれん）
    Liabilities（負債）
        Current liabilities（流動負債）
                Accounts payable（買掛金／未払金）
                Notes payable（支払手形）
                Accrued expense（未払費用）
                Unearned revenue（前受収益）
                Interest payable（未払利息）
                Short-term loans payable（短期借入金）
            Noncurrent liabilities（固定負債）
                Bonds payable（社債）
                Long-term loans payable（長期借入金）
    Equity（資本）
            Common stock（資本金）

第 1 章　簿記の基礎〜Basics of bookkeeping〜

　　　　　　　　　Retained earnings（利益剰余金）
Revenues（収益）　Sales（売上）
　　　　　　　　　Interest income（受取利息）
　　　　　　　　　Rent income（受取家賃）
Expense（費用）　 Cost of goods sold（売上原価）
　　　　　　　　　Interest expense（支払利息）
　　　　　　　　　Office supplies expense（事務用消耗品費）
　　　　　　　　　Rent expense（支払家賃）
　　　　　　　　　Travel expense（旅費交通費）
　　　　　　　　　Advertising expense（広告宣伝費）
　　　　　　　　　Insurance expense（支払保険料）
　　　　　　　　　Income tax expense（税金費用）
　　　　　　　　　Salaries expense（支払給与）
　　　　　　　　　Communication expense（通信費）
　　　　　　　　　Utilities expense（水道光熱費）
　　　　　　　　　Depreciation expense（減価償却費）

EXERCISE 24

Which of the following is not usually classified as current liabilities ?
（次のうち，通常流動負債として分類されないものはどれか。）

　　　　　　　　　　　　　　　　　　　　　　（第13回問題23類題）

① 　Accounts payable
② 　Interest payable
③ 　Notes payable
④ 　Bonds payable
⑤ 　None of the above

【解答・解説】④

①の買掛金と②の未払利息及び③の支払手形は流動負債（Current liabilities），④の社債は通常償還期間が発行日から起算して1年を超えるため，固定負債（Noncurrent liabilities）となります。よって，④が解答となります。

EXERCISE 25

Which of the following is usually classified as current assets ?
（次のうち，通常流動資産として分類されるものはどれか。）

(第13回問題22類題)

① Accounts receivable
② Notes payable
③ Machinery
④ Equipment
⑤ Advertising expense

【解答・解説】①

①の売掛金は流動資産，②の支払手形は流動負債，③の機械と④の設備は固定資産，⑤の広告宣伝費は費用ですから，解答は①となります。

EXERCISE 26

Which of the following is not classified as property, plant, and equipment ?
（次のうち，有形固定資産に分類されないものはどれか。）

(第17回問題25類題)

① Equipment
② Land
③ Machinery

④　Building
⑤　Investments

【解答・解説】⑤

　有形固定資産（Property, Plant and Equipment）に分類されない勘定科目を問うものです。有形固定資産は1年を超えて事業目的のために使用する固定資産（Fixed asset）で，具体的な形態を有するものですから，①備品（Equipment），②土地（Land），③機械（Machinery）及び④建物（Building）はすべて該当します。

　また⑤のInvestments（投資）はBATICのSubject 1レベルでは出てこないものの，流動資産の後で投資という区分で表示されるもので，投資目的で1年を越えて長期間保有する有価証券等ですから，有形固定資産ではありません。よって解答は⑤となります。

EXERCISE 27

The following list of accounts is from a financial statement of ABC Company.

（第18回問題24改題）

Accounts payable	$ 8,000
Accounts receivable	3,000
Land	25,000
Notes payable	7,000
Cash	13,000
Inventory	4,500
Building	13,000
Common stock	30,000
Equipment	21,000
Retained earnings	34,500

①What is the total amount of current assets？

【解答・解説】＄20,500

　流動資産は，Accounts receivable（売掛金）3,000＋Cash（現金）13,000＋Inventory（棚卸資産）4,500＝20,500となります。

②What is the total amount of current liabilities？

【解答・解説】＄15,000

　流動負債の額は，Accounts payable（買掛金）8,000＋Notes payable（支払手形）7,000＝15,000となります。

③What is the total amount of property, plant, and equipment？

【解答・解説】＄59,000

　有形固定資産の額は，Land（土地）25,000＋Building（建物）13,000＋Equipment（設備）21,000＝59,000となります。

{第2章}

各種取引の仕訳
～Journalizing transactions～

第2章 各種取引の仕訳～Journalizing transactions～

ここでは，試験で頻出の仕訳を集めてみました。BATICでは，仕訳ができなければ高得点は期待できません。また実務においても，第3章や第6章でみる帳簿の転記や精算表の作成などはすべてコンピューターが行いますから，仕訳さえできれば問題ありません。試験に向けてすべての仕訳を正確にできるよう練習してみてください。

1 費用（Expense）の計上

Example 1

XYZ Company paid $20,000 (cash) for advertising.
（ＸＹＺ社は広告宣伝費として$20,000（の現金）を支払った。）

（第16回問題4改題）

【解答・解説】

  Dr. Advertising expense   20,000
    Cr. Cash   20,000

費用については，問題文の費用勘定をそのまま使って，これを借方（Debit）に計上し，貸方（Credit）は現金支払いであればCash，後払い（on account）であれば，Accounts payableとします。

また費用については，上記で取り上げた広告宣伝費（Advertising expense）以外に，会社の営業活動において必要となる様々な諸経費が発生します。その他の代表的な勘定としては，家賃などの賃借料（Rent expense），保険料（Insurance expense），旅費交通費（Travel expense），給料（Salaries expense），事務用消耗品費（Office supplies expense），水道光熱費（Utilities expense），税金費用（Income tax expense），があり，Subject 1レベルではこれらの費用を覚えておけば十分です。そしてこれらの諸費用についても，発生したときには借方に該当する勘定科目を計上することになります。

EXERCISE 1

XYZ Company paid utilities expense with ＄3,000 cash.
（ＸＹＺ社は，水道光熱費を現金＄3,000で支払った。）

【解答・解説】

　　Dr. Utilities expense　　　　　　3,000
　　　Cr. Cash　　　　　　　　　　　　　　3,000

文中の utilities expense をそのまま費用勘定として使い，借方に計上します。

2　商品の仕入（Purchases）と売上（Sales）・棚卸計算法（Periodic inventory system）・継続記録法（Perpetual inventory system）と売上原価（Cost of goods sold）

Example 2

On September 1, XYZ Company, using a perpetual (periodic) inventory system, purchased ＄2,000 merchandise on account and sold half of it for ＄1,500 cash on December 15.
　（９月１日に，継続記録法（棚卸計算法）を採用するＸＹＺ社は＄2,000の商品を掛けで購入し，そのうち半分を12月15日に現金＄1,500で販売した。）

（第16回問題７・８類題）

第2章 各種取引の仕訳〜Journalizing transactions〜

【解　答】

	Perpetual inventory system	Periodic inventory system
9／1	Dr. Inventory　　　　　2,000 　　Cr. Accounts payable　　2,000	Dr. Purchases　　　　　2,000 　　Cr. Accounts payable　　2,000
12／15	Dr. Cash　　　　　　　1,500 　　Cost of goods sold　1,000 　　　Cr. Sales　　　　　　1,500 　　　　Inventory　　　　　1,000	Dr. Cash　　　　　　　1,500 　　Cr. Sales　　　　　　　1,500

【解　説】

　on account は，「掛けで」を意味し，代金は後払いとなります。よって商品仕入時において，代金の支払義務を示す accounts payable（買掛金）を負債の増加として貸方に計上します。支払いの際には負債の減少として，accounts payable を借方に計上します。

　一方，販売を目的とする商品については，在庫の受入れと払出しを逐次記録する継続記録法（Perpetual inventory system）と，払出数量については，期末に棚卸を行い売れ残った商品の数量を数えた上で，期首の在庫と当期の仕入数から期末在庫をマイナスして求める棚卸計算法（Periodic inventory system）との2つの処理があります。

　継続記録法では，商品の受入れについては，棚卸資産である inventory 勘定を用い，売上の都度仕入原価にて，棚卸資産勘定から売上に対する元の仕入値の売上原価勘定（Cost of goods sold）に振り替えます。設例では，＄2,000で仕入れた際に，借方を inventory とし，その半分つまり＄1,000を＄1,500で販売したので，原価の＄1,000を棚卸資産勘定から売上原価勘定に振り替えます。

　継続記録法によれば，売上の都度売価と原価が対比されるので，売上総利益（Gross profit）がすぐに把握できるというメリットがありますが，その分手間がかかるというデメリットが生じます。

一方，棚卸計算法では，商品の仕入の際は，借方を仕入を意味するPurchasesとします。また継続記録法のように売上の都度，棚卸資産から売上原価勘定への振替えは行いません。
　では，棚卸計算法では，どのようにして売上原価を計上するのでしょうか。

　棚卸計算法の場合，売上の都度ではなく，第5章でみる期末の決算整理で，仕入勘定で一括して売上原価を計算します。1年間の仕入高は仕入勘定に集計されていくわけですが，この仕入高のうち，期末において売れ残ったものがあれば，それは期末の棚卸資産となり，当期の売上原価から除く必要があります。仮に，×1年の仕入高が＄500あり，そのうち＄100が売れ残れば，売上原価は差額の＄400となり，期末の売れ残り＄100を仕入から期末の商品である棚卸資産（Inventory）に振り替える以下の仕訳，

　　Dr. Inventory　　　　　　　　　100
　　　　Cr. Purchases　　　　　　　　　　100
を行います。

　一方この棚卸資産は，翌期の×2年には期首の商品＄100となってそのまま繰り越されます。そして×2年に商品を新たに＄900仕入れ，このうち＄300の売れ残りが生じた場合，×2年の売上原価はいくらになるでしょうか。
　まずは×1年同様，＄900の仕入額から売れ残りの＄300を差し引いた差額の＄600が×2年の仕入額から生じた売上原価となります。一方×1年と違い，×2年は期首に＄100の在庫があり，これは通常のものの流れからすれば×2年中に売れてなくなっているでしょうから，これも×2年の売上原価を構成します。
　よって×2年の売上原価は，あわせて＄700（＝600＋100）となります

　そこで仕訳上は，まず×2年の売れ残りを×2年の仕入から棚卸資産に振り替える以下の仕訳

第2章 各種取引の仕訳～Journalizing transactions～

```
Dr. Inventory           300
    Cr. Purchases           300
```
とともに，今度は期首の在庫を売上原価に加える以下の仕訳
```
Dr  Purchases           100
    Cr  Inventory           100
```
が必要となるわけです。

これをまとめると棚卸計算法の場合，売上原価は
当期商品仕入高（Purchases）＋期首商品（Beginning inventory）－期末商品（Ending inventory）＝売上原価（Cost of goods sold）
と，計算されます。

なお上記の仕訳は先に述べたように，期末の決算時に行います。決算整理前の段階では，仕入高（Purchases）は，純粋な当期中の商品の仕入高を示し，かつ棚卸資産勘定は，前期の売れ残りがそのまま期首の商品として当期に繰越されてきたものとなっています。

これを決算整理において，期首商品を仕入に振り替え，かつ当期発生した新たな売れ残りを仕入勘定から，棚卸資産に振り替えるわけです。よって期末においては，売上原価算定のために必要な仕訳は以下のようになります。

```
Dr. Purchases           ××
    Cr. Inventory           ××  （期首の棚卸資産）
Dr. Inventory           ××      （期末の棚卸資産）
    Cr. Purchases           ××
```

> ★ポイント★
>
> **継続記録法（Perpetual inventory system）**
> 仕入・売上の際には，Inventory勘定を用い，かつ売上の際には，売価でSales勘定の貸方に記入し，仕入原価を棚卸資産勘定から売上原価に振り替える。
>
> **棚卸計算法（Periodic inventory system）**
> 仕入時にはPurchases勘定を用い，売上時には，売価でSales勘定の貸方に記入するのみ。売上原価は期末に一括して計上。

EXERCISE 2

Select the most appropriate number to fill in the following blanks.

When a company uses a ☐ A ☐ to account for inventory, purchases of merchandise should be debited to purchases account. On the other hand, when a company uses a ☐ B ☐, purchases of merchandise should be debited to inventory account.

（棚卸資産の会計処理につき，☐ A ☐を採用するときは，商品の仕入については仕入勘定の借方に計上する。一方，☐ B ☐を採用するときは，棚卸資産勘定の借方に計上する。）

（第15回問題14類題）

	A	B
①	accounts payable system	accounts receivable system
②	periodic inventory system	perpetual inventory system
③	temporary inventory system	perpetual inventory system
④	perpetual inventory system	periodic inventory system
⑤	physical inventory system	periodic inventory system

第２章　各種取引の仕訳〜Journalizing transactions〜

【解答・解説】②

　商品の仕入については、棚卸計算法（Periodic inventory system）では、借方を仕入（Purchases）勘定とし、継続記録法（Perpetual inventory system）では、借方を棚卸資産（Inventory）勘定とします。

EXERCISE 3

XYZ Company sold merchandise to ABC Company for $50,000 on account. Both companies use a periodic inventory system.
（ＸＹＺ社は、ＡＢＣ社に対し商品を$50,000で、掛けで販売した。両社は棚卸計算法を採用している。）

(第14回問題14改題)

【解答・解説】

ＸＹＺ社		ＡＢＣ社	
Dr. Accounts receivable 50,000		Dr. Purchases 50,000	
Cr. Sales	50,000	Cr. Accounts payable	50,000

　問題文では、「on account」とあり、ＸＹＺ社がＡＢＣ社に商品を掛けで売ることを意味しています。よって、ＸＹＺ社では売掛金（Accounts receivable）を、ＡＢＣ社では買掛金（Accounts payable）を計上します。

EXERCISE 4

XYZ Company, a calendar-year company, bought $30,000 merchandise during 2011. On January 1, 2011, the amount of inventory was $2,500 and on December 31, 2011, the amount of inventory was $3,500. What amount is the cost of goods sold for the year ended December 31, 2011?
　（暦年を採用するＸＹＺ社は、2011年において$30,000の商品を購入した。2011年１月１日の棚卸資産の額は$2,500であり、また2011年12月31日の棚卸

57

資産の額は＄3,500であった。2011年12月31日を末日とする年度における売上原価の額はいくらか。）

（第16回問題19改題）

【解答・解説】＄29,000

　当期の商品の仕入高は＄30,000で期首商品が＄2,500，期末商品が＄3,500ですから，

　売上原価＝2,500＋30,000－3,500＝29,000

と計算されます。

3　仕入割引（Purchase discounts）と売上割引（Sales discounts）

> **Example 3**
>
> On September 1, ABC Company, sold ＄8,000 merchandise to XYZ Company with the discount terms of 3％, 10 days, net-30 days. XYZ Company paid on September 5.　Both company use a periodicinventory system.
>
> 　（9月1日に，ABC社はXYZ社に対し，商品を＄8,000にて，期日30日後，10日以内に支払えば3％の割引を行うという条件で販売した。XYZ社は9月5日に支払を行った。両社は，棚卸計算法を採用しているものとする。）
>
> （第18回問題6改題）

第2章　各種取引の仕訳〜Journalizing transactions〜

【解答・解説】

	ABC Company	XYZ Company
9／1	Dr. Accounts receivable　8,000 　　Cr. Sales　　　　　　　　8,000	Dr. Purchases　　　　　　8,000 　　Cr. Accounts payable　　8,000
9／5	Dr. Cash　　　　　　　　　7,760 　　Sales discounts　　　　　240 　　Cr. Accounts receivable　8,000	Dr. Accounts payable　　　8,000 　　Cr. Cash　　　　　　　　7,760 　　　　Purchase discounts　　240

　ＡＢＣ社は９月１日に，30日後支払，10日以内に支払えば３％の割引を行うという条件（terms of ３％, 10 days, net-30 days　これは３／10，ｎ／30とも表現されます）で，商品を＄8,000でＸＹＺ社に販売しています。ＸＹＺ社は９月５日に支払を行い，これは９月１日から数えて10日以内の支払いに該当するため，代金＄8,000の３％相当，つまり＄240（＝8,000×３％）の割引をＡＢＣ社より受けられます。

　ＡＢＣ社にとっては，割引を行った分だけ代金の回収額は少なくなりますので，これをSales discounts（売上割引）として，借方に計上し，損益計算書上，最終的に売上からマイナスします。

　一方，ＸＹＺ社にとっては，＄8,000の買掛金を支払うのに，＄7,760だけ支払えばいいわけですから，割引額はPurchase discounts（仕入割引）として貸方に計上し，最終的に仕入からマイナスします。

★ポイント★

　Discount terms of ３％, 10 days, net-30 days（３／10，ｎ／30）
　支払期日は30日後（net-30 days），10日以内に支払えば（10 days），３％の割引有りという条件。

59

EXERCISE 5

On October 1, 2010, ＸＹＺ Company purchased ＄3,000 merchandise from MEG Company. The terms are as follows：

5％, 10 days, Net－30 days.

(2010年10月１日，ＸＹＺ社は＄3,000の商品をＭＥＧ社より仕入れた。支払い条件は，以下のとおりである。

支払期日は30日後で，10日以内に支払えば５％の割引を受けられる。)

（第16回問題31改題）

1）If XYZ Company pays on October 9, how much should it pay？
（ＸＹＺ社が10月９日に支払いを行うとすれば，いくら払うべきか）
＄［　　　　　］

2）Fill in the following blank.（以下の空欄を埋めなさい。）
　　　XYZ Company has to pay within ☐ days.
（ＸＹＺ社は，☐日以内に支払わなければならない。）

3）Assume that XYZ Company paid MEG Company on October 9. Make the journal entries for both companies. As for accounting titles, select appropriate accounts from the list below.
（ＸＹＺ社は10月９日にＭＥＧ社に支払いを行ったと仮定した場合，両社が行うべき仕訳を示しなさい。勘定科目については，以下のリストから適当なものを選びなさい。）

　　1．Accounts receivable　　2．Accounts payable　　3．Cash
　　4．Sales discounts　　5．Sales return　　6．Purchase discounts
　　7．Purchase returns

第2章 各種取引の仕訳～Journalizing transactions～

【解答・解説】

1）$2,850

5％, 10 days, Net-30 days は，支払期日30日後，10日以内に払えば5％の割引ありという支払条件を示します。10月1日に商品を購入し，代金は購入日から10日以内の9日に支払を行っていますので，5％の割引を受けられます。よって，割引額は

$3,000×5％＝$150

となり，支払額は仕入額$3,000から割引額$150をマイナスした$2,850となります。

2）30　Net-30 daysは支払期日を示しており，これより30日以内に支払えばよいことがわかります。

3）

XYZ社		MEG社	
Dr. Accounts payable	3,000	Dr. Cash	2,850
Cr. Cash	2,850	Sales discounts	150
Purchase discounts	150	Cr. Accounts receivable	3,000

　なお仕入と売上については，割引以外に，品違いがあった場合に行う返品（Return）や，商品の値段そのものをおまけする値引き（Allowance）があります。

　割引については，当初仕入と売上の双方につき，それぞれ仕入割引と売上割引で処理しますが，損益計算書の表示上は最終的に仕入と売上からマイナスします。一方，値引きと返品については，初めから仕入や売上から直接控除することも認められますが，これによれば1年間で値引きと返品がいくらあったかわからなくなります。

　そこで値引きと返品の額を把握するため，期中において，仕入については仕入値引き（Purchase allowances），仕入返品（Purchase returns）を貸方に計

上，売上については売上値引き（Sales allowance），売上返品（Sales return）とを借方に計上し，割引と同様，最後に売上と仕入からマイナスする方法があります。

4 資産（Assets）の購入

> **Example 4**
>
> XYZ Company bought equipment worth ＄5,000 with cash.
> （ＸＹＺ社は，＄5,000相当の設備を現金にて購入した。）
>
> （第19回問題9改題）

【解答・解説】

  Dr. Equipment   5,000
    Cr. Cash   5,000

 equipment worth ＄5,000で，「＄5,000相当の設備」を意味します。またwith cashで現金での購入を意味します。

EXERCISE 6

XYZ Company bought equipment worth ＄5,000 on account.
（ＸＹＺ社は，＄5,000相当の設備を掛けで購入した。）

（第15回問題6改題）

【解答・解説】

  Dr. Equipment   5,000
    Cr. Accounts payable   5,000

 on accountであれば，掛けでの購入を意味するので，Accounts payableを用います。なお，仮に指定された勘定科目を用いて解答する場合で，Accounts payable-trade（商品の代金の後払い，日本でいう買掛金）と，Accounts payable-others（営業用に使う，商品以外の物品の購入による代金の後払い，日本でいう未払金）の双方があれば，設備は販売目的の商品ではなく営業上の使用目的で購入した固定資産ですから，貸方を Accounts payable-others とすることに注意してください。

EXERCISE 7

XYZ Company bought equipment worth $5,000 by giving a note.
（ＸＹＺ社は，$5,000相当の設備を手形と引換えに購入した。）

（第15回問題9改題）

【解答・解説】

  Dr. Equipment   5,000
    Cr. Notes payable   5,000

 by giving a note で手形を渡しての意味になり，手形を振り出しての購入となりますので，貸方は支払手形となります。

EXERCISE 8

On March 31, XYZ Company bought equipment worth $5,000 and paid $2,000 cash. It paid the balance on April 20.
（3月31日，ＸＹＺ社は，$5,000相当の設備を購入し，うち$2,000を現金で支払い，残額は4月20日に支払った。）

（第13回問題3改題）

【解答・解説】

Mar. 31

  Dr. Equipment   5,000
    Cr. Cash   2,000
      Accounts payable   3,000

Apr. 20
 Dr. Accounts payable   3,000
   Cr. Cash   3,000

　3月31日に＄5,000相当の設備を購入し，代金のうち＄2,000は現金で支払い，残額＄3,000は4月20日に支払っています。この分は代金が後払いとなるので，Accounts payable を用います。なお，先述したとおり商品の仕入ではないので，Accounts payable-others を用いる場合もあります。

EXERCISE 9

XYZ Company bought equipment on account. Which of the following indicates correct journal entry ?

　（ＸＹＺ社は，設備を掛けで購入した。次のうち正しい仕訳を示しているものはどれか。）

（第17回問題10類題）

① Accounts payable is credited, and equipment is debited.
② Accounts payable is debited, and equipment is credited.
③ Cash is debited, and equipment is credited.
④ Cash is credited, and equipment is debited.
⑤ None of the above.

【解答・解説】①
　仕訳は以下のとおりです。
 Dr. Equipment   ××
  Cr. Accounts payable   ××
　Equipment を借方に記入（equipment is debited），Accounts payable を貸方に記入（accounts payable is credited）しますので，解答は①となります。

5 株式の発行（Issuance of stock）

　会社を設立し，事業を開始していくにあたっては，資金が必要であり，資金調達の形態としては株式を発行（issue common stock）するか，銀行等からお金を借りる（borrow money from bank）かのいずれかになります。

　このうち，株式の発行による資金調達の場合，会社は株主（Stockholders）から払込みを受けたお金を株主に返す必要はなく，会社が自由に使えるお金としてそれは会社の純資産（Net assets）となります。株主が投下した資金を回収するには，会社に対し返済を求めることはできず，株式市場で自らの保有する株式を他に売却することになります。

　ここでは，会社の設立時において，それらの資金調達の基本仕訳をみていくこととします。まず株式の発行ですが，株式には株主総会（General shareholders' meeting）に出席し会社の運営に参加できる議決権（Voting right）が付与された普通株式（Common stock）と，そうした議決権が与えられない代わりに配当（Dividend）を普通株式に優先してもらえる優先株式（Preferred stock）とがあります。

　日本ではそうした株式の種類を問わず，株式の発行時は資本金勘定にて処理しますが，米国では勘定科目を分けることになります。しかしSubject 1 レベルでは，普通株式を前提として話を進めます。

　まず株式を発行した時の処理ですが，株式を発行すると会社にとっては資本を表す勘定として資本金（Common stock）が増加するとともに，株主から現金が払い込まれますから，現金が増加します。

　一方，株式を発行して対価として現金の代わりに，土地（Land）等の財産をもって払込みを行わせることもありますが，これを現物出資といいます。この

場合払込みを受けた財産の時価等の公正価値（Fair market value）をもって，資本金を計上します。

> **Example 5**
>
> ABC Company issued common stock, all at par value, for ＄80,000 cash.
> （ＡＢＣ社は，普通株式を額面で発行し，現金＄80,000の払込みを受けた。）
>
> （第13回問題6改題）

【解　答】
　　Dr．Cash　　　　　　　　　　　80,000
　　　　Cr．Common stock　　　　　　　80,000

【解　説】
　at par valueは「額面で」の意味で，＄80,000で発行した株式をすべて資本金に組み入れます。現金ではなく土地などの固定資産で出資を受ける現物出資の場合，仮にfor以下が「land worth ＄80,000」であれば以下の仕訳となります。

　　Dr．Land　　　　　　　　　　　80,000
　　　　Cr．Common stock　　　　　　　80,000

EXERCISE 10

ABC Company issued common stock, all at par value, for ＄80,000 cash and ＄30,000 worth of land.
（ＡＢＣ社は，普通株式を額面で発行し，＄80,000の現金と土地＄30,000の出資を受けた。）

（第16回問題6改題）

第2章 各種取引の仕訳〜Journalizing transactions〜

【解答・解説】
　　Dr．Cash　　　　　　　　　　　80,000
　　　　Land　　　　　　　　　　　30,000
　　　　Cr．Common stock　　　　　110,000

　現金と土地の両方の出資については，受け入れた現金と土地を借方に記入し，その合計額を資本金として貸方に計上します。

EXERCISE 11

Mr. Williams established G Company by investing $100,000 cash and $30,000 worth of land. The company issued the equivalent common stock, all at par value. Journalize this transaction.

（ウィリアム氏は，$100,000の現金と$30,000の土地を出資して，G社を設立し，G社は，同額の普通株式を額面で発行した。この仕訳を示しなさい。）

(第16回問題6類題)

【解答・解説】
　　Dr．Cash　　　　　　　　　　　100,000
　　　　Land　　　　　　　　　　　30,000
　　　　Cr．Common stock　　　　　130,000

　現金$100,000と土地$30,000の双方を出資して，会社を設立しています。これに伴い対価の合計額分の株式を発行していますから，資本金の増加は$130,000となります。

6　社債の発行（Issuance of bonds）

　銀行等からお金を借りた場合，それは会社にとって返済が必要な支払義務として負債（Liability）になります。資金の提供者は債権者（Creditor）と呼ばれ，契約で定めた返済日に，資金の返済を受けることになります。負債による

資金調達について，主として借入金（Loans payable）と社債（Bonds payable）があります。

　借入金の場合，借入額が元本となりますが，社債の場合元本に相当する概念は額面（Face value），また借入の期間に相当するものは償還期間と呼ばれ，購入する投資家側からみれば有価証券となります。そして借入金の場合には元本である借入額だけ，現金が手元に入ってくると同時に，同額借入先への返済義務が増えることになりますので，負債を表す借入金勘定を貸方に計上します。

　一方，社債については，必ずしも元本に相当する額面どおりの金額だけ現金が入ってくるとは限りませんが，それについてはSubject 2にて扱いますので，ここではとりあえず額面相当額だけ現金が入ってくるものとします。

Example 6

ABC Company issued bonds and received $80,000 cash.
（ＡＢＣ社は，社債を発行し現金$80,000を受け取った。）

（第14回問題3改題）

【解答・解説】
　　Dr. Cash　　　　　　　　　　80,000
　　　Cr. Bonds payable　　　　　80,000

　社債は株式同様，資金調達の手段で，一定の期間が経過した後償還を要しますので，負債として貸方に計上します。

7　借入金の返済（Repayment of loans payable）

Example 7

XYZ Company repaid $80,000 loans to the bank.

（ＸＹＺ社は，銀行に対し＄80,000の借入金を返済した。）

(第14回問題５改題)

【解答・解説】

Dr. Loans payable   80,000
    Cr. Cash   80,000

借入金（Loans payable）を返済したときには，負債である借入金が減少するので，借方に計上し支払った現金を貸方に計上します。

8 受取手形（Notes receivable）と支払手形（Notes payable）

Example 8

ABC Company issued a promissory note for ＄10,000 to XYZ Company in payment of accounts payable.

（ＡＢＣ社はＸＹＺ社に対する買掛金の支払として，＄10,000の約束手形を振り出した。）

(第19回問題10改題)

【解答・解説】

	ABC Company	XYZ Company

振出日	Dr. Accounts payable 10,000
	    Cr. Notes payable 10,000
		Dr. Notes receivable 10,000
		    Cr. Accounts receivable 10,000

決済日	Dr. Notes payable 10,000
	    Cr. Cash 10,000
		Dr. Cash 10,000
		    Cr. Notes receivable 10,000

手形（Notes）においては，振出人（Maker）と受取人（Payee）という二当事者が登場し，振出人が受取人に対して，所定の期日に一定の金額を支払うことを約束します。日本では商取引の決済手段としてよく用いられますが，米国

では，主として資金融資のための融通手形として利用されます。

そして売上と仕入の関係と同様，振出人であるＡＢＣ社と受取人であるＸＹＺ社のいずれに視点を置くかで話は異なります。手形の振出日（date of issue）においては，振出人からみた手形は受取人に対して所定の期日に一定の金額の支払いを約束したものですから，負債として支払手形（Notes payable）勘定の貸方に計上します。また受取人からみれば，所定の期日に一定の金額を受け取ることが約束されたものですから，資産として受取手形（Notes receivable）勘定の借方に計上します。

ですので，売上と仕入のときと同様，手形の仕訳も両者を対比させて覚えると効率的です。

なお手形の支払期日を，手形の決済日（Settlement date）あるいは満期日（Maturity date）といい，振出人が予定通りCashで支払いを行ったときは，Cashが減少するので貸方に計上し，手形の支払義務はなくなりましたから，負債であるNotes payableを借方に計上します。また受取人は，Cashを受け取るので，借方にCashを計上するとともに，振出人に対する代金の請求権はなくなりましたから，資産であるNotes receivableを貸方に計上します。

9　利子付手形（Interest-bearing note）

Example 9

MEG Company received the following note.
　（ＭＥＧ社は，以下の手形を受け取った。）

第2章 各種取引の仕訳～Journalizing transactions～

>October 10, 2009
>
>XYZ Company promises to pay MEG Company, $30,000, 60 days from date, at 10% annual interest.
>
>（ＸＹＺ社は，当日より60日後に年10％の利息をつけて，ＭＥＧ社に$30,000を支払います。）
>
>XYZ Company

Assume that 1 year＝360 days.（1年＝360日と仮定する）

1）Fill in the following blanks.
XYZ Company is the（ A ）of the note and MEG Company is the（ B ）of the note
（ＸＹＺ社は，手形の（ A ），ＭＥＧ社は手形の（ B ）である。）
2）Prepare the journal entries for both companies on the settlement date.
（手形の決済日に，ＸＹＺ社とＭＥＧ社の双方が行うべき仕訳を示せ。）

（第13回問題33改題）

【解　答】

1）（ A ）：Maker　　（ B ）：Payee
2）

XYZ Company		MEG Company	
Dr. Notes payable	30,000	Dr. Cash	30,500
Interest expense	500	Cr. Notes receivable	30,000
Cr. Cash	30,500	Interest income	500

【解　説】

　米国では手形は融通手形としての利用が多く，お金を貸し借りする際の証書としての役割を果たすため，手形の振出しから決済期日までの期間に応じて，利息（Interest）の支払いが求められるのが通常です。

　このように利払を伴う手形を利子付手形（Interest-bearing note）といい，ここでは，ＸＹＺ社がＭＥＧ社に10月10日（手形の右上の日付）に，ＭＥＧ社に対する買掛金の決済として手形を振り出し，10月10日から60日後の，手形の決済日（Settlement date）に手形の額面 $30,000に加え年利10％の利息（10％ annual interest）をあわせて支払いを約束しています。よってＸＹＺ社が手形の振出人（Maker of the note）で，手形金額を受け取るＭＥＧ社が手形の受取人（Payee of the note）となります。

　利息は１年を360日として計算し，振出日から決済日まで60日ですから，以下のとおり計算されます。
利息＝30,000（手形額面）×10％×60／360＝500

　ＸＹＺ社にとって，利息は支払うものですから，費用として支払利息（Interest expense），ＸＹＺ社は利息を受取りますから収益として受取利息（Interest income）に計上します。

EXERCISE 12

XYZ Company issued an interest-bearing note of $30,000, maturing in 60 days, at 5％ annual interest. When it settled the note at maturity, what amount of interest should it pay? Assume that 1 year＝360 days.

（ＸＹＺ社は，支払期日が60日後で，$30,000の利子付手形を年５％の利息をつけて振り出した。満期に手形を決済した場合，いくら利子を支払うべきか。１年は360日と仮定する。）

（第14回問題７改題）

第2章 各種取引の仕訳〜Journalizing transactions〜

【解答・解説】 $250

利息は，$30,000×5％×60日／360日＝$250と計算されます。

10 事務用消耗品（Office supplies）の処理

> **Example 10**
>
> XYZ Company, a calendar-year company, bought office supplies worth $600 with cash and debited to an asset account on October 1, 2010. $100 of them remained unused at the year end.
>
> 　（暦年を採用するＸＹＺ社は，2010年10月１日に事務用消耗品$600を現金にて購入し，資産勘定の借方に計上した。期末時点においてそのうち，$100が未使用である。）
>
> （第15回問題20改題）

【解答・解説】

Oct. 1 2010	Dr. Office supplies　　　　600 　　Cr. Cash　　　　　　　　　　600
Dec. 31 2010	Dr. Office supplies expense 500 　　Cr. Office supplies　　　　500

　事務用消耗品（Office supplies）については購入時に全額資産処理する方法（資産法）と，費用処理する方法（費用法）との２つがありますが，いずれの処理をとるにせよ，期末の決算整理においては，必ず使用額を費用，未使用額を資産計上する必要があります。

73

> **★ポイント★**
>
> **事務用消耗品（Office supplies）**
> 使用分のみ費用処理，未使用分は資産に計上。

　問題文では，debited to an asset account とあり，「資産勘定の借方に計上した」とあるため，資産法をとっていることがわかります。$600出して購入し，期末には$100残ったため，逆算して$500（＝600－100）使ったことがわかるため，$500を資産である事務用消耗品勘定から，費用である事務用消耗品費（Office supplies expense）勘定に振り替えることとなります。

　仮に debited to an expense account であればどうでしょうか。この場合全額費用処理ですから，期末においては未使用額の$100につき，事務用消耗品費勘定から事務用消耗品勘定に振り替えるので，以下の仕訳となります。上記と対比させて覚えてください。

| Oct. 1 2010 | Dr. Office supplies expense 600 Cr. Cash 600 |
| Dec.31 2010 | Dr. Office supplies 100 Cr. Office supplies expense 500 |

EXERCISE 13

XYZ Company, a calendar-year company, bought office supplies worth $600 with cash and debited to an expense account on September 1, 2010. $400 of them remained unused at the year end. What journal entry should XYZ company make on December 31, 2010？

（暦年を採用するＸＹＺ社は，2010年9月1日に$600相当の事務用消耗品を現金で購入し，費用勘定に計上した。そのうち$400が期末において未使用である。ＸＹＺ社が2010年12月31日に行うべき仕訳を示せ。）

第 2 章　各種取引の仕訳〜Journalizing transactions〜

（第15回問題20改題）

【解答・解説】
　　Dr.　Office supplies　　　　　　　　　400
　　　　Cr.　Office supplies expense　　　　400

　debited to an expense account ですから，当初購入額＄600を全額費用処理しており，期末に＄400未使用となって残りましたので，未使用額＄400を事務用消耗品費から，資産勘定の事務用消耗品勘定に振り替えます。結果として，事務用消耗品費は，使用額の＄200（＝600－400）だけ計上されます。

　他にも事務用消耗品については，以下のような問われ方がされます。

EXERCISE 14

XYZ Company, a calendar-year company, bought office supplies worth ＄600 with cash and debited to an asset account on September 1, 2010. ＄400 of them remained unused at the year end. What amount of office supplies expense should XYZ company report for the year ended December 31, 2010？
　（暦年を採用するＸＹＺ社は，2010年9月1日に＄600相当の事務用消耗品を現金で購入し，費用勘定に計上した。そのうち＄400が期末において未使用である。ＸＹＺ社は2010年12月31日に終了する事業年度において事務用消耗品費をいくら計上すべきか。）

（第19回問題20改題）

【解答・解説】＄200
　＄600購入し，＄400が残りましたので，使った額は逆算で＄200（＝600－400）とわかります。仕訳と併せて押さえてください。

11 配当（Dividends）の支払

Example 11

On December 25, XYZ Company declared $20,000 cash dividends and paid cash on January 25.

（12月25日に，XYZ社は$20,000の現金配当を決議し，1月25日に配当を実施し現金$20,000を支払った。）

(第13回問題18改題)

【解答・解説】

Dec. 25

　　Dr. Retained earnings　　　　　　20,000
　　　　Cr. Dividends payable　　　　　　20,000

Jan. 25

　　Dr. Dividends payable　　　　　　20,000
　　　　Cr. Cash　　　　　　　　　　　　20,000

　配当決議時の12月25日は，まだ実際に配当を支払うわけではありませんので，株主に対する配当金の支払義務を示す負債として，未払配当金（Dividends payable）勘定を貸方に計上します。また配当は過去からの利益の内部留保である利益剰余金を財源とし，配当決議時には利益剰余金が減少するため借方に計上します。

　そして実際に配当を現金で支払った1月25日には，負債である未払配当金を減少させ借方に計上するとともに，現金を減少させるので貸方に計上します。

EXERCISE 15

MEG Company declared cash dividends. What is the net effect on the amounts of liabilities, equity and net income？

第2章 各種取引の仕訳～Journalizing transactions～

（MEG社は現金配当を決議したが，これが負債，資本及び当期純利益に及ぼす影響は次のうちどれか。）

（第16回問題23改題）

	Liabilities	Equity	Net income
①	Decrease	Decrease	No effect
②	Decrease	No effect	Decrease
③	No effect	No effect	No effect
④	No effect	Increase	Decrease
⑤	Increase	Decrease	No effect

【解答・解説】

仕訳は以下のとおりです。

　　Dr. Retained earnings　　　　××　　　Equity（資本）の減少
　　　Cr. Dividends payable　　　　　××　Liabilities（負債）の増加

資本項目である利益剰余金を財源としますので，配当決議時には資本は減少し，負債が増加しますが，費用収益は発生しないので，当期純利益には影響はありません。よって，解答は⑤となります。

12　小口現金（Petty cash）

　一般に現金は流動性が高く，盗難や紛失が生じやすいものです。そこで米国企業においては，現金管理（Cash control）に対する内部統制（Internal control：第10章参照）の強化策の一環として，基本的に現金を手許におかないようにし，全ての支払については，バウチャーシステムを採用して原則，小切手（Check）で行うようにしています。

　ただし，日常の交通費や郵便切手の購入等の細かな支出についてまでいちい

ち小切手を振り出すのは面倒ですし，また受取る側でも，小切手ですといちいちと換金するのも手間がかかりますので，現金での受領を希望する場合があります。そこであらかじめ1週間や1ヶ月といった一定の期間ごとに所定の必要額を小口現金（Petty cash）として設定し，日常の細かな支出については，その小口現金から支払を行い，その後支出額と同額の小口現金につき小切手を振り出して補充し，もとの設定額に戻す仕組である定額小口現金前渡制度（Imprest Petty Cash System）を採用しています。

定額小口現金前渡制度については，以下のステップを経て実施します。
① 小口現金の必要額を設定し，同額の小切手を振り出して小口現金を補充（replenish）します。小口現金は鍵のついた小口現金金庫（Petty cash box）の中で，小口現金メモ（Petty cash voucher）とともに用度係（Custodian）が管理します。
② 従業員は必要な支出がある都度，小口現金メモに支出の事由や自らのサイン，該当する勘定科目等を記載した上で，用度係に渡し，必要な現金額を受取ります。
③ 用度係は小口現金メモをもとに，支出の都度小口現金出納帳（Petty cash record）に記入し（仕訳を起こすわけではありません），月末に支出額の合計を費用の諸勘定科目ごとに集計後，当該費用勘定への記入を行い，同時に支出額と同額の補充を行うため，現金勘定への貸方記入が行われます。なおその際，小口現金の実際の残高と帳簿上の残高の一致を確かめ，不一致の場合には帳簿残高を実際残高に合わせるため，その差額を小口現金過不足勘定（Cash short and over）に振り替えます。実際残高が帳簿残高よりも不足していれば，費用として借方に，逆の場合には収益として貸方に振り替えます。実際残高と帳簿残高とが異なっているときの補充額は，当初の設定額と実際残との差額となります。

第2章　各種取引の仕訳～Journalizing transactions～

Example 12
1）C社では，小切手＄300を振出し，小口現金勘定を開設した。
2）小口現金出納帳より，月末における切手代（Postage expense），事務用消耗品費（Office supplies expense），交通費（Transportation expense）はそれぞれ＄20，＄100，＄130と集計された。支出額の合計は＄250であるが，月末の金庫の残高は＄40であり，当初の設定額との差額を補充した。

（第15回問題29改題）

【解答・解説】
1）Dr. Petty cash　　　　　　　　　　　300
　　　Cr. Cash　　　　　　　　　　　　　　　300
2）Dr. Postage expense　　　　　　　　20
　　　Office supplies expense　　　100
　　　Transportation expense　　　130
　　　Cash short and over　　　　　　10
　　　Cr. Cash　　　　　　　　　　　　　　　260

　支出額の合計は＄250で，帳簿上は＄50（＝300－250）残っているはずですが，実際の残高は＄40であり，＄10不足しています。そこで，不足分については損したものと考え，借方に小口現金過不足勘定を置きます。そして当初の小口現金の設定額＄300に戻すには，支出額の＄250を補充するだけでは足りないので，実際残高の＄40との差額の＄260を補充します。

　小口現金勘定については，設定額を変えない限り，動かすことはないことに注意してください。

EXERCISE 16
XYZ Company established a petty cash fund of ＄500 on September 1, 2011.

During September, the following payments were made from the petty cash box.

September 5   Utilities expense $ 30
          10   Office supplies expense   50
          15   Miscellaneous expense   70
          20   Utilities expense   60

The petty cash is replenished at the end of each month. What journal entry should XYZ Company make on September 30?
（ＸＹＺ社は，2011年９月１日に＄500の小口現金を開設し，９月中における小口現金ボックスから以下の支払がなされた。
９月　　５日　水道光熱費　　　＄30
　　　 10日　事務用消耗品費　　50
　　　 15日　雑費　　　　　　 70
　　　 20日　水道光熱費　　　 60
　小口現金の補充は毎月末に行っている。ＸＹＺ社が９月30日に行う仕訳を示しなさい。）

(第15回問題29改題)

【解　答】
　　Dr. Utilities expense   90
　　　　Office supplies expense   50
　　　　Miscellaneous expense   70
　　　Cr. Cash   210

【解　説】
　小口現金制度では実際に支払を行った都度仕訳を行うのではなく，小口現金を補充する月末に各費用勘定を集計後その合計額をCashで補充し，まとめて

第 2 章　各種取引の仕訳～Journalizing transactions～

仕訳を行います。ここでは 9 月の 5 日と20日に水道光熱費をそれぞれ＄30と＄60支出していますので水道光熱費は合計の＄90で仕訳し，さらに事務用消耗品費＄50と雑費＄70を計上し，合計額の＄210につき小切手を振り出し補充します。

{第3章}
仕訳帳と元帳
～Journals and ledgers～

第3章　仕訳帳と元帳〜Journals and ledgers〜

第1章で軽く触れましたが，取引の仕訳は仕訳帳（Journals）に記入し，ここから元帳（Ledger）に転記し，各勘定について残高（Balance）を集計します。ここではその仕訳帳と元帳への転記について解説します。

仕訳帳と元帳転記については，各種帳簿の意義と記載される仕訳が第1のポイントです。まとめると以下のようになります。

Journals（仕訳帳）

General journal（一般仕訳帳）
　下記のいずれにも記録されない取引を記入

Cash receipt journal（入金仕訳帳）
　借方が現金となる入金取引を記入

Cash payment journal（出金仕訳帳）
　貸方が現金となる出金取引を記入

Sales journal（売上仕訳帳）
　掛け売上の取引を記入

Purchase journal（仕入仕訳帳）
　掛け仕入の取引を記入

（注）入金仕訳帳以下は Specialized journal（特殊仕訳帳）と呼ばれ，入出金取引，掛け仕入，掛け売上といった特に頻度の多い取引を記入するために別途設けられるものです。

また仕訳帳から勘定への転記については，仕訳の都度転記を行う個別転記か，1ヵ月分の合計額を月末にまとめて行う合計転記となるかが重要ですが，ポイントは以下のとおりです。

一般仕訳帳の仕訳の勘定
　元帳へ個別転記

入金仕訳帳の仕訳の勘定
　借方の現金は月末にまとめて合計転記，貸方の勘定は個別転記
出金仕訳帳の仕訳の勘定
　貸方の現金は月末にまとめて合計転記，貸方の勘定は個別転記
売上仕訳帳の仕訳の勘定
　掛け売上につき売上勘定へは月末に合計転記，なお現金売上については，入金仕訳帳より売上勘定へ個別転記。よって売上勘定への転記については，現金売上が先で，掛け売上が後。売掛金については以下のとおり
ケース1：元帳に得意先の人名勘定のみ使用し，売掛金勘定がない場合
　人名勘定に個別転記
ケース2：売掛金勘定が元帳（Ledger）にあり，人名勘定が別途売掛金補助元帳（Accounts receivable subsidiary ledger）にある場合
　人名勘定には個別転記し，売掛金勘定には月末に合計転記
仕入仕訳帳の仕訳の勘定
　掛け仕入について，仕入勘定へは月末に合計転記。なお現金仕入については，出金仕訳帳から仕入勘定へ個別転記。よって，仕入勘定への転記については，現金仕入が先で，掛け仕入が後。買掛金については以下のとおり
ケース1：人名勘定が元帳にあり，買掛金勘定がない場合
　人名勘定に個別転記
ケース2：買掛金勘定が元帳にあり，人名勘定が別途買掛金補助元帳（Accounts payable subsidiary ledger）にある場合
　人名勘定には個別転記し，買掛金勘定には月末に合計転記

以下具体的な設例をもとに，仕訳帳の記入と元帳転記をみていきます。

第3章　仕訳帳と元帳〜Journals and ledgers〜

Example 1

Questions 1) and 2) are based on the following.

(第16回問題35改題)

ABC Company had the following transactions during March.

Date	Transaction
2	Issued common stock, all at par value, for $20,000 land.
5	Purchased $2,500 merchandise from Red Company on account.
18	Sold merchandise to Black Company for $1,800 on account.
24	Paid $1,250 cash to settle accounts payable to Red Company.
26	Purchased $3,000 merchandise from Blue Company on account.
30	Received $1,300 cash to settle accounts receivable from Black Company.

1) Record the above transactions in journals below. As for account titles, select from the list below.

A. Accounts payable	B. Accounts receivable	C. Black Company
D. Cash	E. Common stock	F. Land
G. Office supplies	H. Purchases	I. Sales
J. Red Company	K. Blue Company	

General Journal　　　　　　　　　　　G

Date	Description	P.R.	Dr.	Cr.
( )			[　　]	
				[　　]

87

Cash (Dr.) Receipt Journal CR

Date	Account, Cr.	P.R.	Amount	Total
( )			[ ]	
( )	Cash, Dr.			[ ]

Cash (Cr.) Payment Journal CP

Date	Account, Dr.	P.R.	Amount	Total
( )			[ ]	
( )	Cash, Cr.			[ ]

Sales (Cr.) Journal S

Date	Account, Dr.	P.R.	Amount	Total
( )			[ ]	
( )	Sales, Cr.			[ ]

Purchase (Dr.) Journal P

Date	Account, Cr.	P.R.	Amount	Total
( )			[ ]	
( )			[ ]	
( )	Purchases, Dr.			[ ]

2) Complete ABC Company's ledgers using the information from question 1).

Ledgers

Cash 1

Date	P.R.	Amount	Date	P.R.	Amount
( )	( )	[ ]	( )	( )	[ ]

第3章 仕訳帳と元帳～Journals and ledgers～

Land							2
Date	P.R.	Amount		Date	P.R.	Amount	
( )	( )	[ ]					

Common stock							3
Date	P.R.	Amount		Date	P.R.	Amount	
				( )	( )	[ ]	

Sales							4
Date	P.R.	Amount		Date	P.R.	Amount	
				( )	( )	[ ]	

Purchases							5
Date	P.R.	Amount		Date	P.R.	Amount	
( )	( )	[ ]					

Red Company							6
Date	P.R.	Amount		Date	P.R.	Amount	
( )	( )	[ ]		( )	( )	[ ]	

Blue Company							7
Date	P.R.	Amount		Date	P.R.	Amount	
( )	( )	[ ]					

Black Company							8
Date	P.R.	Amount		Date	P.R.	Amount	
( )	( )	[ ]		( )	( )	[ ]	

【解答】

General Journal   G

Date	Description	P.R.	Dr.	Cr.
(Mar. 2)	F	2	[20,000]	
	E	3		[20,000]

Cash (Dr.) Receipt Journal   CR

Date	Account, Cr.	P.R.	Amount	Total
(Mar. 30)	C	8	[1,300]	
(Mar. 31)	Cash, Dr.	1		[1,300]

Cash (Cr.) Payment Journal   CP

Date	Account, Dr.	P.R.	Amount	Total
(Mar. 24)	J	6	[1,250]	
(Mar. 31)	Cash, Cr.	1		[1,250]

Sales (Cr.) Journal   S

Date	Account, Dr.	P.R.	Amount	Total
(Mar. 18)	C	8	[1,800]	
(Mar. 31)	Sales, Cr.	4		[1,800]

Purchase (Dr.) Journal   P

Date	Account, Cr.	P.R.	Amount	Total
(Mar. 5)	J	6	[2,500]	
(Mar. 26)	K	7	[3,000]	
(Mar. 31)	Purchases, Dr.	5		[5,500]

第3章 仕訳帳と元帳〜Journals and ledgers〜

Ledgers

Cash   1

Date	P.R.	Amount	Date	P.R.	Amount
(Mar.31)	(CR)	[1,300]	(Mar.31)	(CP)	[1,250]

Land   2

Date	P.R.	Amount	Date	P.R.	Amount
(Mar. 2)	(G)	[20,000]			

Common stock   3

Date	P.R.	Amount	Date	P.R.	Amount
			(Mar. 2)	(G)	[20,000]

Sales   4

Date	P.R.	Amount	Date	P.R.	Amount
			(Mar.31)	(S)	[1,800]

Purchases   5

Date	P.R.	Amount	Date	P.R.	Amount
(Mar.31)	(P)	[5,500]			

Red Company   6

Date	P.R.	Amount	Date	P.R.	Amount
(Mar.24)	(CP)	[1,250]	(Mar. 5)	(P)	[2,500]

Blue Company   7

Date	P.R.	Amount	Date	P.R.	Amount
( )	( )	[ ]	(Mar.26)	(P)	[3,000]

<table>
<tr><td colspan="7" align="center">Black Company　　　　　　　　　　8</td></tr>
<tr><th>Date</th><th>P.R.</th><th>Amount</th><th>Date</th><th>P.R.</th><th>Amount</th></tr>
<tr><td>(Mar.18)</td><td>(S)</td><td>[　　1,800]</td><td>(Mar.30)</td><td>(CR)</td><td>[　　1,300]</td></tr>
</table>

【解　説】

　問題を解く際のポイントは，取引の日付順に該当する仕訳帳への記入を考えていくことです。仕訳については，ある程度頭の中で考えられるようになっておく必要があります。ここでは一番初めの2日の取引は掛け仕入，掛け売上，入金取引，また出金取引のいずれにも該当しない取引ですから，一般仕訳帳に記入します。よって，まずは一般仕訳帳への記入と元帳転記から考えます。

・一般仕訳帳（General journal）への記入と元帳転記

　最初の2日の取引は一般仕訳帳に記入しますから，それ以降の取引で一般仕訳帳に記入する取引も探します。ここでは一般仕訳帳に記帳されるのは2日の取引のみで，以下の仕訳が記入されます。

　　Dr. Land　　　　　　　　　　　　20,000
　　　　Cr. Common stock　　　　　　　　20,000

　よって，元帳のLandとCommon stockには一般仕訳帳から個別転記を行います。

{一般仕訳帳の記入}

Date：取引発生日ですから，Mar. 2
Description：仕訳の勘定を記入。1行目はDr.，2行目はCr.の勘定科目をそれぞれ記入し，同じ行の右側のDr.とCr.には金額＄20,000を記載します。
P.R.：P.R.（Posting Reference）欄には，Description欄で記載した勘定科目を元帳に転記しますので，転記先の元帳における当該勘定の右上にある勘定番号を記載します。よってLandは2，Common stockは3を記載します。

{元帳への記入}

　Land勘定の借方と，Common stock勘定の貸方に，以下を記載します。

第3章　仕訳帳と元帳〜Journals and ledgers〜

Date：取引発生日の Mar. 2
P.R.：転記元となった一般仕訳帳を示す，右上のG。
Amount：金額＄20,000

General Journal　　　　　　　　　　　　　　G

Date	Description	P.R.	Dr.	Cr.
(Mar. 2)	F	2	[　20,000　]	
	E	3		[　20,000　]

Land　　　　　　　　　　　　　　2

Date	P.R.	Amount	Date	P.R.	Amount
(Mar. 2)	(G)	[　20,000　]			

Common stock　　　　　　　　　　　　　　3

Date	P.R.	Amount	Date	P.R.	Amount
			(Mar. 2)	(G)	[　20,000　]

・仕入仕訳帳（Purchase journal）への記入と元帳への転記

　次の5日の取引については，掛け仕入で仕入帳に記入されますので，それ以降の取引についても掛け仕入取引となるものを拾い，仕入仕訳帳への記入を一気に片付けます。ここでは26日の取引が該当します。まずはそれぞれの仕訳を示しておきます。

　　Dr. Purchases　　　　　　　　　　 2,500
　　　　Cr. Red Company　　　　　　　　2,500
　　Dr. Purchases　　　　　　　　　　 3,000
　　　　Cr. Blue Company　　　　　　　 3,000

　元帳には買掛金（Accounts payable）勘定がなく，個々の仕入先を示す人名勘定（Personal account）が設けられていますから，仕入仕訳帳への記入にお

いてはこれらの人名勘定を用います。

{仕入仕訳帳への記入}

Account, Cr. と P.R.：

（1行目と2行目）Account, Cr. には日付順に，個別の仕入先を示す貸方の勘定科目を記入します。1行目は Red Company を，2行目は Blue Company を記載し，元帳へ個別転記を行いますので，P.R.欄は上から順に，勘定番号の6と7を記載し，Amount にはそれぞれの金額を記載します。Date はそれぞれの日付を記入します。

（3行目）最後の3行目は1ヵ月の掛け仕入の合計額を，月末にまとめて仕入勘定に合計転記しますから，Date は Mar.31，P.R.は仕入の勘定番号5を記入します。Total には掛け仕入の合計額＄5,500を記載します。

{元帳記入}

Red Company, Blue Company の貸方に

Date：取引発生日（Red Company は Mar. 5，Blue Company は Mar. 26）

P.R.：転記元の仕入仕訳帳の P

Amount：金額（Red Company は2,500，Blue Company は3,000）

Purchases の借方に

Date：合計転記のため月末の Mar.31

P.R.：転記元の仕入仕訳帳の P

Amount：1ヵ月の掛仕入の合計額＄5,500

第3章　仕訳帳と元帳〜Journals and ledgers〜

Purchase (Dr.) Journal　　　　　　　　P

Date	Account, Cr.	P.R.	Amount	Total
(Mar. 5)	J	6	[　2,500　]	
(Mar.26)	K	7	[　3,000　]	
(Mar.31)	Purchases, Dr.	5		[　5,500　]

Purchases　　　　　　　　　　　　　　5

Date	P.R.	Amount	Date	P.R.	Amount
(Mar.31)	(P)	[　5,500　]			

Red Company　　　　　　　　　　　　6

Date	P.R.	Amount	Date	P.R.	Amount
(　)	(　)	[　　]	(Mar. 5)	(P)	[　2,500　]

Blue Company　　　　　　　　　　　　7

Date	P.R.	Amount	Date	P.R.	Amount
(　)	(　)	[　　]	(Mar.26)	(P)	[　3,000　]

・売上仕訳帳（Sales journal）への転記と元帳転記

　次の仕訳の順番としては，18日の掛け売上がくるので，これは売上仕訳帳に記入しますが，これ以降掛け売上の取引は出てきませんので，18日の取引のみを考えます。仕訳は以下のとおりです。

　　Dr. Black Company　　　　　　　1,800
　　　　Cr. Sales　　　　　　　　　　1,800

　掛け売上についても，親勘定としての売掛金勘定はなく，個別の人名勘定しかありません。よって売上仕訳帳への記入においては人名勘定を用いて，そこから人名勘定への個別転記を行い，売上勘定については，月末に合計転記を行います。売上仕訳帳のP.R.欄の記載は，人名勘定と売上勘定の勘定番号を記載します。元帳記入では，Sales勘定の貸方，及びBlack Company勘定の借方

のAmountに，それぞれ金額$1,800を，またP.R.欄には共に転記元の売上帳を示す右上のSを記載します。記載要領は，仕入仕訳帳と同じです。

Sales (Cr.) Journal　　　　　　　　　　　　S

Date	Account, Dr.	P.R.	Amount	Total
(Mar.18)	C	8	[　1,800]	
(Mar.31)	Sales, Cr.	4		[　1,800]

Sales　　　　　　　　　　　　4

Date	P.R.	Amount	Date	P.R.	Amount
			(Mar.31)	(S)	[　1,800]

Black Company　　　　　　　　　　　　8

Date	P.R.	Amount	Date	P.R.	Amount
(Mar.18)	(S)	[　1,800]	( )	( )	[　　　]

・出金仕訳帳（Cash payment journal）と元帳への転記

　次の取引としては，24日の出金仕訳があり，他に出金仕訳は出てきませんので，これを出金仕訳帳に記入します。仕訳は以下のとおりです。

　　Dr. Red Company　　　　　　　1,250
　　　　Cr. Cash　　　　　　　　　　　　1,250

　人名勘定のRed Companyには出金仕訳帳から取引発生日（Date：Mar.24）に個別転記され，P.R.欄については，右肩の勘定番号6を記載します。

　そして月末に出金額の合計額$1,250を現金勘定の貸方に合計転記し，P.R.欄に現金の勘定番号1を記載します。

　そしてRed company勘定の借方，及び現金勘定の貸方のAmountにそれぞれ金額$1,250を記載すると同時に，P.R.欄は共に，転記元の出金仕訳帳を示す，右上の帳簿記号CPを記載します。よって転記は以下のとおりです。

第3章　仕訳帳と元帳〜Journals and ledgers〜

Cash (Cr.) Payment Journal　　　　　　CP

Date	Account, Dr.	P.R.	Amount	Total
(Mar.24)	J	6	[　1,250　]	
(Mar.31)	Cash, Cr.	1		[　1,250　]

Cash　　　　　　　　　　　　　　　　　1

Date	P.R.	Amount	Date	P.R.	Amount
( )	( )	[　　　]	(Mar.31)	(CP)	[　1,250　]

Red Company　　　　　　　　　　　　　6

Date	P.R.	Amount	Date	P.R.	Amount
(Mar.24)	(CP)	[　1,250　]	(Mar.5)	(P)	[　2,500　]

・入金仕訳帳（Cash receipt journal）と元帳転記

　次に出てくる取引は最後の30日です。これは入金取引に該当し，他に入金取引はありませんので，これのみ入金仕訳帳に記入します。仕訳は次のとおりです。

　　Dr. Cash　　　　　　　　　　1,300
　　　　Cr. Black company　　　　1,300

　人名勘定のBlack companyへは入金仕訳帳から個別転記を行い，P.R.欄の記載については，Black companyの勘定番号8を記載します。そして現金勘定の借方に月末に合計転記を行い，P.R.欄に現金の番号1を記載します。

　そしてBlack company勘定では貸方に，現金勘定では借方に金額＄1,300を記載すると同時に，P.R.欄は共に転記元の入金仕訳帳の右上の帳簿記号CRを記載します。よって転記は以下のとおりとなります。

97

Cash (Dr.) Receipt Journal   CR

Date	Account, Cr.	P.R.	Amount	Total
(Mar.30)	C	8	[1,300]	
(Mar.31)	Cash, Dr.	1		[1,300]

Cash   1

Date	P.R.	Amount	Date	P.R.	Amount
(Mar.31)	(CR)	[1,300]	(Mar.31)	(CP)	[1,250]

Black Company   8

Date	P.R.	Amount	Date	P.R.	Amount
(Mar.18)	(S)	[1,800]	(Mar.30)	(CR)	[1,300]

EXERCISE 1

Questions (1) through (3) are based on the following :

The following are part of books that ABC Company uses.

Purchase Journal   P－1

Date	Account, Cr.	P.R.	Amount	Total
Dec. 3	Black Company	(A)	200	
10	White Company	(A)	500	
24	Yellow Company	(A)	900	
31	Purchases, Dr.	(B)		1,600

(C)

Accounts Payable　　　　　　　　5

Date	P.R.	Amount	Date	P.R.	Amount
			Dec. 31	P-1	1,600

Purchases　　　　　　　　11

Date	P.R.	Amount	Date	P.R.	Amount
Dec. 31	P-1	1,600			

(D)

Black Company

Date	P.R.	Amount	Date	P.R.	Amount
			Dec. 3	P-1	200

White Company

Date	P.R.	Amount	Date	P.R.	Amount
			Dec. 10	P-1	500

Yellow Company

Date	P.R.	Amount	Date	P.R.	Amount
			Dec. 24	P-1	900

Question (1)

Select the most appropriate number to fill in both (C) and (D).

	(C)	(D)
①	General Ledger	Accounts Payable Subsidiary Ledger
②	Sales Journal	Purchase Journal
③	Subsidiary Ledger	General Journal
④	Cash Payment Journal	Cash Receipt Journal
⑤	Cash Receipt Journal	Subsidiary Journal

Question (2)

Select the most appropriate number to fill in (A).

① 5

② 11

③ ✓

④ P-1

⑤ Purchase, Dr

Question (3)

Select the most appropriate number to fill in (B)

① 5

② 11

③ 11／5

④ 5／11

⑤ ✓

(第18回問題17〜19改題)

【解答・解説】

(1) ①　(2) ③　(3) ③

　仕入仕訳帳（Purchase journal）からの勘定記入を問う問題です。買掛金（Accounts payable）と仕入（Purchases）の各勘定を表示する（C）に入る

第3章　仕訳帳と元帳〜Journals and ledgers〜

ものが問われていますから，総勘定元帳（General ledger）が該当します。
　また先の Example とは異なり，元帳の買掛金勘定と並んで，別途個々の相手先別の人名勘定（Personal account）を集めた帳簿が設けられ，それらを表示する（D）に入るものは，買掛金補助元帳（Accounts payable subsidiary ledger）となり，よって（1）の解答は①となります。

　なお買掛金補助元帳の各人名勘定のP.R.欄をみると，12月3日，10日，24日に仕入仕訳帳（P-1：これは仕入仕訳帳の1ページ目を意味する）から個別転記されたことがわかります。しかし，ここで人名勘定には，勘定番号は付されていません。そこで仕入仕訳帳のP.R.欄には番号の代わりに，✓を付すことで，個別転記を行ったことを表すことになります。よって（A）には③が入ります。

　また（B）ですが，仕入仕訳帳から仕入勘定と買掛金勘定にどのように転記されるかにつき，P.R.欄の記載を求めるものです。仕入仕訳帳は，掛け仕入を記載する帳簿であり，月末に掛け仕入の総額を仕入勘定に合計転記します。そして先にみたとおり，買掛金補助元帳には個別転記しますが，人名勘定を合計した親勘定の買掛金勘定について，仕入と同様月末にまとめて合計転記を行います。つまり仕入仕訳帳からは，仕入の借方と買掛金の貸方に合計転記をするので，真ん中に／をはさんで，11／5と記載します。
　／をはさんでの左右は借方・貸方に対応していることから，12月31日に仕訳帳から勘定番号11の仕入勘定の借方と，勘定番号5の買掛金の貸方に，それぞれ＄1,600が合計転記されたことがわかります。よって，解答は③となります。

EXERCISE 2

The following are MEG Company's transactions during December.

Date	Transaction
15	Issued common stock, all at par value, for $3,000 land.
18	Purchased merchandise from Black Company on account, $1,800.
23	Issued $1,400 notes payable to White Company to settle accounts payable.
24	Purchased merchandise from Yellow Company for cash, $1,900.

Record the transactions in journals, then post them to the general ledger. As for accounts titles, select from the list below.

(第16回問題35改題)

A. White Company	B. Yellow Company	C. Black Company
D. Cash	E. Common stock	F. Land
G. Notes payable	H. Purchases	I. Sales

General Journal　　　　　　　　　　　　　　G

Date	Description	P.R.	Dr.	Cr.

第3章 仕訳帳と元帳〜Journals and ledgers〜

Purchase (Dr.) Journal　　　　　　　　P

Date	Account, Cr.	P.R.	Amount	Total
Dec. 31	Purchases, Dr.			

Cash (Cr.) Payment Journal　　　　　　CP

Date	Account, Dr.	P.R.	Amount	Total
Dec. 31	Cash, Cr.			

Cash　　　　　　　　　　　　　　　　1

Date	P.R.	Amount	Date	P.R.	Amount

Land　　　　　　　　　　　　　　　　2

Date	P.R.	Amount	Date	P.R.	Amount

Common Stock　　　　　　　　　　　　3

Date	P.R.	Amount	Date	P.R.	Amount

Notes Payable　　　　　　　　　　　　4

Date	P.R.	Amount	Date	P.R.	Amount

		Purchases				5
Date	P.R.	Amount	Date	P.R.	Amount	

		Sales				6
Date	P.R.	Amount	Date	P.R.	Amount	

		White Company				7
Date	P.R.	Amount	Date	P.R.	Amount	

		Yellow Company				8
Date	P.R.	Amount	Date	P.R.	Amount	

		Black Company				9
Date	P.R.	Amount	Date	P.R.	Amount	

【解　答】

	General Journal			G
Date	Description	P.R.	Dr.	Cr.
Dec. 15	Land	2	3,000	
	Common stock	3		3,000
Dec. 23	White Company	7	1,400	
	Notes payable	4		1,400

第3章 仕訳帳と元帳〜Journals and ledgers〜

Purchase (Dr.) Journal   P

Date	Account, Cr.	P.R.	Amount	Total
Dec. 18	Black Company	9	1,800	
Dec. 31	Purchases, Dr.	5		1,800

Cash (Cr.) Payment Journal   CP

Date	Account, Dr.	P.R.	Amount	Total
Dec. 24	Purchases	5	1,900	
Dec. 31	Cash, Cr.	1		1,900

Cash   1

Date	P.R.	Amount	Date	P.R.	Amount
			Dec. 31	CP	1,900

Land   2

Date	P.R.	Amount	Date	P.R.	Amount
Dec. 15	G	3,000			

Common Stock   3

Date	P.R.	Amount	Date	P.R.	Amount
			Dec. 15	G	3,000

Notes Payable   4

Date	P.R.	Amount	Date	P.R.	Amount
			Dec. 23	G	1,400

			Purchases			5
Date	P.R.	Amount	Date	P.R.	Amount
Dec.24	CP	1,900			
Dec.31	P	1,800			

			Sales			6
Date	P.R.	Amount	Date	P.R.	Amount

			White Company			7
Date	P.R.	Amount	Date	P.R.	Amount
Dec.23	G	1,400			

			Yellow Company			8
Date	P.R.	Amount	Date	P.R.	Amount

			Black Company			9
Date	P.R.	Amount	Date	P.R.	Amount
			Dec.18	P	1,800

【解　説】

　複数仕訳帳として，すべての掛け売上を記録する売上仕訳帳（Sales journal）とすべての掛け仕入を記録する仕入仕訳帳（Purchase journal），さらにすべての入金取引を記録する入金仕訳帳（Cash receipt journal）とすべての出金取引を記録する出金仕訳帳（Cash payment journal），そして上記以外の取引を記録する一般仕訳帳（General journal）とがあり，ここでは一般仕訳帳と出金仕訳帳及び仕入仕訳帳が与えられています。そして12月の取引につき，該当する帳

第 3 章　仕訳帳と元帳〜Journals and ledgers〜

簿に記入後，総勘定元帳に転記していきます。以下，各取引の具体的な仕訳と帳簿及び勘定への転記をみていきます。

15日：掛け仕入でも出金取引でもないため，一般仕訳帳に記入
　　Dr.　Land　3,000…一般仕訳帳から個別転記
　　　　Cr.　Common stock　3,000…一般仕訳帳から個別転記
18日：掛け仕入につき，仕入仕訳帳に記入
　　Dr.　Purchases　1,800…仕入仕訳帳から月末に合計転記
　　　　Cr.　Black Company　1,800…仕入仕訳帳から個別転記
23日：掛け仕入でも出金取引でもないため，一般仕訳帳に記入
　　Dr.　White Company　1,400…一般仕訳帳から個別転記
　　　　Cr.　Notes payable　1,400…一般仕訳帳から個別転記
24日：現金仕入で，出金取引につき，出金仕訳帳に記入
　　Dr.　Purchases　1,900…現金仕入につき出金仕訳帳から個別転記
　　　　Cr.　Cash　1,900…出金仕訳帳から月末に合計転記

・一般仕訳帳への記入と元帳への転記

General Journal   G

Date	Description	P.R.	Dr.	Cr.
Dec. 15	Land	2	3,000	
	Common stock	3		3,000
Dec. 23	White Company	7	1,400	
	Notes payable	4		1,400

Land   2

Date	P.R.	Amount	Date	P.R.	Amount
Dec. 15	G	3,000			

Common Stock   3

Date	P.R.	Amount	Date	P.R.	Amount
			Dec. 15	G	3,000

Notes Payable   4

Date	P.R.	Amount	Date	P.R.	Amount
			Dec. 23	G	1,400

White Company   7

Date	P.R.	Amount	Date	P.R.	Amount
Dec. 23	G	1,400			

日付順に帳簿記入を考え，15日は入金取引でも掛け仕入取引でもないため，一般仕訳帳に記入します。そしてこれ以降で一般仕訳帳に記入する取引を探すと，掛け仕入取引の18日，出金取引の24日は除かれ，23日の仕訳が対象となります。15日は1行目の Date 欄に Dec. 15，Description 欄は上から Debit，Credit

第3章　仕訳帳と元帳〜Journals and ledgers〜

の順に Land, Common stock を, 金額を示す Dr. と Cr. 欄に3,000を書きます。また元帳上の Land 勘定と Common stock 勘定へ個別転記を行うので, P.R. には元帳の勘定番号, 2 と 3 を上から順に記載します。

Land と Common stock 勘定では, これを受け Dec.15 (Date) に, 転記元の一般仕訳帳 (P.R. の G) からそれぞれ借方と貸方に金額3,000を記載します。

23日の仕訳については一般仕訳帳への記載は, Date欄に, Dec.23, Description欄は Debit の White Company, Credit の Notes payable を上から順に記載し, Dr. と Cr. には金額1,400を書きます。そして元帳へ個別転記を行うので該当する勘定番号を P.R. 欄に上から7, 4 と記入します。

また元帳上の Notes payable と White company の勘定記入においては, やはり同一の仕訳から転記されるため, Date は Dec.23, 転記元を示す P.R. は一般仕訳帳の G, Amount は1,400と共通で, Notes payable は貸方, White company は借方に記載される点が異なります。

・仕入仕訳帳への記載と勘定記入

Purchase (Dr.) Journal　　　　　　　　　　P

Date	Account, Cr.	P.R.	Amount	Total
Dec.18	Black Company	9	1,800	
Dec.31	Purchases, Dr.	5		1,800

Purchases　　　　　　　　　　5

Date	P.R.	Amount	Date	P.R.	Amount
Dec.31	P	1,800			

Black Company　　　　　　　　　　9

Date	P.R.	Amount	Date	P.R.	Amount
			Dec.18	P	1,800

次の18日の仕訳は掛け仕入ですから，仕入仕訳帳，そして24日の仕訳は現金仕入で出金取引となりますから，出金仕訳帳に記入します。仕入仕訳帳については，Account, Cr. に仕入先を示す貸方のBlack Companyを，またDateにDec. 18を，P. R. 欄には元帳のBlack Company勘定に個別転記するので，その勘定番号9を，そしてAmount欄には1,800をそれぞれ記載します。Black Company勘定ではこれを受け，Dec. 18に転記元の仕入仕訳帳（P. R. のP）から貸方に1,800（Amount）だけ個別転記されます。

そして仕入仕訳帳の最後の行では月末に12月中の掛け仕入高の合計額を算出し，それを元帳の仕入勘定の借方に合計転記しますので，DateにはDec. 31，P. R. には仕入の勘定番号5，Totalには12月中の掛仕入の合計額1,800を記載します。

またPurchases勘定ではこれを受け，1ヵ月分の掛仕入高の合計額＄1,800をAmount欄，Date欄に月末のDec. 31，P. R. 欄に，転記元の仕入仕訳帳の記号Pを記載します。

ただ本問では，掛け仕入以外に24日に現金仕入があり，これは出金仕訳帳からPurchases勘定に，個別転記されるので，Purchases勘定への転記は1ヵ月の掛け仕入の合計転記よりも，こちらが先となります。よって仕入仕訳帳からPurchases勘定の記入に際し，あらかじめ出金仕訳帳からの個別転記を考え，1行空けて2行目に記入しています。試験では鉛筆での解答ですから，仮に1行目に書いたとしても，消しゴムで消せますから，特に問題ないですが，この点を考慮に入れておけば，無用な動揺を避けることができるでしょう。

第3章 仕訳帳と元帳〜Journals and ledgers〜

★ポイント★

仕入勘定への転記・・・現金仕入を先，掛け仕入を後に記載
現金仕入・・・出金仕訳帳から個別転記
掛け仕入・・・仕入仕訳帳から月末に合計転記

仕入勘定への転記は，取引の日付にかかわらず，現金仕入が先，掛け仕入を最後に転記するので，掛け仕入れ以外に現金仕入れがあり，かつ，仕入仕訳帳から仕入勘定への転記を先に行うときは，あらかじめ1行あけておくこと。なおこれは，売上勘定についても同様である。

・出金仕訳帳への記載と勘定記入

Cash (Cr.) Payment Journal　　　　　　CP

Date	Account, Dr.	P.R.	Amount	Total
Dec.24	Purchases	5	1,900	
Dec.31	Cash, Cr.	1		1,900

Cash　　　　　　1

Date	P.R.	Amount	Date	P.R.	Amount
			Dec.31	CP	1,900

Purchases　　　　　　5

Date	P.R.	Amount	Date	P.R.	Amount
Dec.24	CP	1,900			
Dec.31	P	1,800			

また出金仕訳帳の記載は，出金につき貸方が現金であることは当然ですから，月中においては借方の勘定のみ記載するのでAccount, Dr.の指定があり，これにはPurchasesを，またDateにはDec.24，P.R.には元帳のPurchases勘定

111

に個別転記するので勘定番号の5，Amount には1,900をそれぞれ記載します。

　Purchases 勘定では，これを受け，Dec.24（Date）に，入金仕訳帳（P.R.の CP）から借方に1,900（Amount）の個別転記がなされます。Purchases 勘定では，前述した月末の仕入仕訳帳からの合計転記と24日の入金仕訳帳からの個別転記とが行われ，日付順での記載となるので，24日の個別転記が先となります。

　また出金仕訳帳の最後の行では月末に1ヵ月の出金額の合計額を出し，これを元帳の現金勘定の貸方に合計転記しますので，Date には Dec.31，P.R.には現金の勘定番号1を，Total には12月の出金の合計額1,900をそれぞれ記載します。そしてこれを受け現金勘定では，Dec.31（Date）に出金仕訳帳（P.R.の CP）から，1,900（Amount）が貸方に合計転記されます。元帳の Sales 勘定と Yellow Company 勘定は仕訳上出てきませんので，空欄記入のままとなります。

EXERCISE 3

ABC Company, using a periodic inventory system, purchased $ 1,000 merchandise from XYZ Company on account. Into which of the following journals should ABC Company enter this transaction ?

　（棚卸計算法を採用するＡＢＣ社は，＄1,000の商品をＸＹＺ社から仕入れた。この取引につき，ＡＢＣ社は次のうちどの帳簿に記入すべきか。）

（第13回問題31類題）

① Cash payment journal
② Cash receipt journal
③ General journal
④ Purchase journal
⑤ Sales journal

【解答・解説】④
　ＡＢＣ社は掛けで商品を仕入れ，棚卸計算法を採用していますから，この取

引は掛け仕入になります。よって掛け仕入を記入する仕入仕訳帳（Purchase journal）に記載します。

仕訳を示せば，次のとおりです。

　　Dr. Purchases　　　　　　　　　1,000
　　　　Cr. Accounts payable　　　　1,000

EXERCISE 4

WBC Company bought merchandise and paid $1,000 cash. Into which of the following journals should WBC Company enter this transaction？

（WBC社は商品を購入し，$1,000の現金を支払った。この取引につき，WBC社は次のうちどの帳簿に記入すべきか。）

（第13回問題31類題）

① 　Cash payment journal

② 　Cash receipt journal

③ 　General journal

④ 　Purchase journal

⑤ 　Sales journal

【解答・解説】①

　仕訳ですが，継続記録法か棚卸計算法のどちらを採用するかで，借方は異なり，前者であればInventory（棚卸資産），後者であればPurchases（仕入）となりますが，いずれにせよ貸方はCash（現金）となります。よって問題文ではどちらを採用しているか明示していないものの，出金取引に該当するので，出金仕訳帳に記入します。

EXERCISE 5

XYZ Company bought equipment worth $5,000 on account for its own use.

Into which of the following journals should XYZ Company enter this transaction？

（ＸＹＺ社は，＄5,000相当の設備を使用目的で掛けで購入した。この取引につき，ＸＹＺ社は次のうちどの帳簿に記入すべきか。）

（第13回問題31類題）

① Cash payment journal
② Cash receipt journal
③ General journal
④ Purchase journal
⑤ Sales journal

【解答・解説】③

仕訳を示すと以下のとおりです。

　　Dr. Equipment　　　　　　　　5,000
　　　　Cr. Accounts payable　　　　5,000

本取引は商品の仕入ではありませんから，掛け仕入には該当せず，また入金取引，出金取引，掛け売上のいずれにも該当しませんから，一般仕訳帳に記入することになります。よって解答は③です。

EXERCISE 6

ABC Company, using a periodic inventory system, sold merchandise for ＄8,000 cash. Into which of the following journals should ABC Company enter this transaction？

（棚卸計算法を採用するＡＢＣ社は，商品を＄8,000の現金で販売した。この取引につき，ＡＢＣ社は次のうちどの帳簿に記入すべきか。）

（第13回問題31類題）

第3章 仕訳帳と元帳～Journals and ledgers～

① Cash payment journal
② Cash receipt journal
③ General journal
④ Purchase journal
⑤ Sales journal

【解答・解説】②

仕訳を示すと以下のとおりです。

　Dr. Cash　　　　　　　　8,000
　　Cr. Sales　　　　　　　　8,000

本取引は貸方が売上ですが，掛け売上（Sales on account）ではなく，借方が現金の入金取引ですから，入金仕訳帳に記入します。

EXERCISE 7

ABC Company, using a periodic inventory system, sold merchandise for $8,000 on account. Into which of the following journals should ABC Company enter this transaction?

（棚卸計算法を採用するＡＢＣ社は，商品を$8,000で掛けで販売した。この取引につき，ＡＢＣ社は次のうちどの帳簿に記入すべきか。）

（第13回問題31類題）

① Cash payment journal
② Cash receipt journal
③ General journal
④ Purchase journal
⑤ Sales journal

【解答・解説】⑤

仕訳は以下のとおりです。

 Dr. Accounts receivable   8,000
  Cr. Sales   8,000

掛け売上に該当しますから，売上仕訳帳に記入します。

EXERCISE 8

Determine whether each of the following sentences is correct or incorrect.

1）All purchases are recorded in the purchase journal

 （すべての仕入は仕入仕訳帳に記入される。）

（第15回問題11改題）

2）Accounts payable subsidiary ledger has all the detailed information about the sales on account to each customer.

 （買掛金補助元帳には，各得意先に対する掛け売上の詳細な情報がすべて含まれる。）

（第15回問題12改題）

【解答・解説】

1）Incorrect

仕入仕訳帳に記載されるのはすべての仕入取引ではなく，すべての掛け仕入（Purchase on account）のみです。

2）Incorrect

Sales on account to each customer（各顧客への掛け売上の明細）を記録するのは，買掛金元帳ではなく，売掛金元帳（Accounts receivable subsidiary ledger）となります。

{第4章}
試算表の作成
～Preparation of trial balance～

第4章 試算表の作成〜Preparation of trial balance〜

１ 試算表（Trial balance）の意義

簿記上の5つの要素である資産・負債・資本・収益及び費用に増減変動をもたらす取引（Transaction）の仕訳（Journal entry）は，すべて仕訳帳（Journal）に記入され，さらに仕訳で出てきた個々の勘定は，仕訳帳から総勘定元帳（General ledger）上の勘定口座に転記され，これに第5章でみる決算整理（Adjusting entry）を加え，貸借対照表・損益計算書からなる財務諸表（Financial statements）が作成されます。

よって財務諸表が正しく作成されるためには，仕訳帳から総勘定元帳への転記の正確性を担保する必要があり，この転記の正確性を検証する手段として試算表（Trial balance）があります。

試算表はすべての勘定につき借方合計と貸方合計を算出し，それを一覧表にしたもので，個々の仕訳が複式簿記の原理（Double entry system）により，借方合計と貸方合計とが一致することに基づき，それらを勘定ごとに集計した試算表も，理論上借方合計と貸方合計が一致することを利用したもので，仮に一致していない場合，転記の段階で誤りがあったことを事後的に検証できることになります。

仮に現金の借方合計が＄8,000，貸方合計が＄5,600で残高が差額の＄2,400となった場合，誤まって借方合計を貸方に転記し，貸方合計を借方に転記すれば，当然に試算表の貸借は一致しないでしょう。よって試算表の貸借一致をもって，転記の正確性を事後的に検証できることになります。

２ 試算表の作成プロセス

以下に具体的な試算表の作成プロセスを掲げます。
① 勘定口座に付された番号順に勘定を並べます。たいていは，資産・負債・

資本・収益・費用の順となります。
② 番号順に並べたすべての勘定口座につき，借方合計と貸方合計を試算表の借方・貸方に記載していきます。
③ 試算表の借方合計と貸方合計を算出します。
④ ③で計算した借方合計と貸方合計を比較し，両者の一致を確かめます。

EXERCISE 1

Rearrange the following accounting steps in proper order.

（第16回問題24類題）

（1） Preparation of financial statements
（2） Posting to a ledger
（3） Journalizing entries
（4） Preparation of a trial balance
（5） Adjusting entries

【解答・解説】（3）―（2）―（4）―（5）―（1）

　取引が発生したら，その取引の仕訳を作成して仕訳帳（Journals）に記入します（（3）Journalizing entries）。そして仕訳帳から元帳上の各勘定へ転記（（2）Posting to a ledger）後，試算表の作成にとりかかり（（4）Preparation of a trial balance），決算整理（（5）Adjusting entries）を経て財務諸表の作成に入ります（（1）Preparation of financial statements）。
　これら一連の流れを会計サイクル（Accounting cycle）といいます。

3　試算表の限界

　試算表で仮に貸借が一致していたとしても，以下のような場合には転記のミスを発見できず，その意味で試算表も限界を有することになります。
1）仕訳を元帳に転記する際，貸借を逆にしてしまっても，貸借が一致してい

第4章 試算表の作成〜Preparation of trial balance〜

る限り当該ミスを発見できません。
2) 仕訳を元帳に転記する際，例えば旅費（Travel expense）を水道光熱費（Utilities expense）のように，勘定科目を誤って転記しても，試算表の貸借自体は一致するため，当該ミスは発見できません。
3) 例えば全部で100ある仕訳につき，10個の仕訳の転記漏れがあった場合のように，仕訳がすべて転記されていなくとも，試算表の貸借自体は一致するため，仕訳の転記漏れは発見できません。
4) 1つの仕訳を誤って二重転記していた場合も，貸借自体は一致するため，そのミスを発見できません。

EXERCISE 2

Based on the following information, answer questions ① and ②.

WBC Company is preparing a trial balance with the following accounts.

Accounts receivable	$450
Accounts payable	1,200
Cash	?
Common stock	1,650
Building	5,000
Other expense	4,250
Retained earnings	2,000
Sales	5,450

① What is the total of all credit balances ?
② What is the amount of cash ?

（第16回問題15・16類題）

【解答・解説】 ① $10,300 ② $600

①　資産は売掛金（Accounts receivable），現金（Cash），建物（Building），そして費用はその他の費用（Other expense）であり，これらは試算表において借方に計上されます。

　　一方，負債は買掛金（Accounts payable），資本（純資産）は資本金（Common stock）と利益剰余金（Retained earnings），そして収益は売上（Sales）であり，これらはすべて試算表の貸方に計上されます。

　　これより，試算表を作成すると次のようになります。

Trial Balance

Cash	?	Accounts payable	1,200
Accounts receivable	450	Common stock	1,650
Building	5,000	Retained earnings	2,000
Other expense	4,250	Sales	5,450
	10,300		10,300

　　ここでCashの金額は不明ですが，貸方（Credit）項目の金額はすべて指定されていますので，貸方合計は$10,300となります。

②　複式簿記の原則（Double-entry bookkeeping）により，個々の仕訳の借方合計と貸方合計は必ず一致し，また試算表はそれらの仕訳を集計しすべての勘定につき残高（Balance）を集約したものですから，試算表の借方合計と貸方合計も必ず一致します。

　　ここで試算表の貸方合計は$10,300ですから，借方合計も当然同額となり，Cash以外の勘定は金額がすべてわかっていますから，Cashは差額として$600（=10,300−450−5,000−4,250）と求められます。

EXERCISE 3

Which of the following errors are detected by a trial balance ?

（第15回問題33類題）

第4章 試算表の作成～Preparation of trial balance～

A) A journal entry was recorded twice.
B) A journal entry was posted to a wrong account title in the ledger.
C) Only credit side of a journal entry was posted to a general ledger.
D) An amount in the debit side was wrongfully posted to a general ledger.
E) The balance of accounts receivable was not recorded on the trial balance.
F) A transaction was not journalized
G) When a transaction was journalized, the account title in the credit side was wrong.
H) A journal entry was posted twice.
I) When a transaction was journalized, the amount in the debit side was wrong.
J) When a transaction was journalized, the account title which should be credited was debited, and vice versa.
K) Debit side of a journal entry was posted to a wrong account title.

【解答・解説】C), D), E), I)

A) 同じ仕訳を仕訳帳に2回記載した場合でも，借方貸方共に同額が記載されるため，試算表の貸借は一致します。よって当該誤りは発見できません。

B) 仕訳を元帳に転記する際，誤った勘定科目に転記しても金額さえ間違いなければ，試算表の貸借自体は一致するため，当該誤りは発見できません。

C) 仕訳から貸方のみ元帳に転記した場合，借方は転記されないので，試算表の貸借は一致しません。よって当該誤りは発見できます。

D) 仕訳の借方科目につき，金額を誤って転記した場合，試算表の貸借は一致しないため，当該誤りは発見できます。

E）売掛金に限らずある勘定残高が試算表に転記されなかった場合，試算表の貸借は一致しません。よって当該誤りは発見できます。

F）ある取引につきそもそも仕訳自体が行われなかった場合も，試算表の貸借が不一致となることはありません。よって当該誤りは発見できません。

G）取引を仕訳する際，借方の勘定科目を誤った場合でも，仕訳の貸借自体は一致することから，試算表の貸借も一致します。よって当該誤りは発見できません。

H）仕訳から元帳に2回転記した場合でも，貸借の金額さえ間違わなければ，試算表の貸借は一致します。よって当該誤りは発見できません。

I）取引を仕訳する際，借方科目の金額を誤った場合，仕訳の貸借は一致せず，試算表の貸借も一致しませんので，当該誤りは発見できます。

J）取引を仕訳する際，貸方と借方の科目を逆にした場合でも，仕訳の貸借は一致し，試算表の貸借も一致することから，当該誤りは発見できません。

K）仕訳の借方科目を元帳上誤った科目に転記した場合でも，仕訳の貸借は一致し，試算表の貸借も一致することから，当該誤りは発見できません。

EXERCISE 4

Determine whether the following sentence is correct or incorrect.

In ABC Company, a journal entry was wrongfully recorded twice. This error can not be detected at any level.
（ＡＢＣ社において，仕訳が2度誤って記帳されたが，この誤りはいかなる段

第4章 試算表の作成〜Preparation of trial balance〜

階でも発見できない。)

(第17回問題21類題)

【解答・解説】 Correct

仕訳を誤って2回記帳した場合でも，試算表の貸借自体は一致し，当該誤りを試算表の段階で発見できず，最終的に発見されることはありません。

EXERCISE 5

The following are XYZ Company's accounts as of December 31, 2020.

Accounts payable	$ 1,950
Accounts receivable	3,150
Bonds payable	15,000
Cash	3,750
Common stock	13,500
Inventory	5,400
Building	30,000
Purchase	9,000
Sales	18,000
Retained earnings	?

Complete the following trial balance. When an entry is made in either the debit or credit column, the other should remain blank except for 'Total'.

(第17回問題35類題)

XYZ Company
Trial Balance
December 31, 2020

	Dr.		Cr.	
Cash	$ [	]	$ [	]
Accounts receivable	[	]	[	]
Inventory	[	]	[	]
Building	[	]	[	]
Accounts payable	[	]	[	]
Bonds payable	[	]	[	]
Common stock	[	]	[	]
Retained earnings	[	]	[	]
Sales	[	]	[	]
Purchases	[	]	[	]
Total	$ [	]	$ [	]

【解　答】

XYZ Company
Trial Balance
December 31, 2020

	Dr.		Cr.	
Cash	$ [	3,750]	$ [	]
Accounts receivable	[	3,150]	[	]
Inventory	[	5,400]	[	]
Building	[	30,000]	[	]
Accounts payable	[	]	[	1,950]

第4章 試算表の作成～Preparation of trial balance～

Bonds payable	[ ]	[15,000]
Common stock	[ ]	[13,500]
Retained earnings	[ ]	[2,850]
Sales	[ ]	[18,000]
Purchases	[9,000]	[ ]
Total	$ [51,300]	$ [51,300]

【解　説】

　Retained earnings の金額だけ不明であるものの，各勘定につき，資産（Assets），費用（Expense）であれば借方（Debit）に記入し，負債（Liabilities），資本（Stockholders' equity）及び収益（Revenue）であれば貸方（Credit）に記入し，試算表の貸借合計は必ず一致することを利用すれば，難なく解ける問題です。

　資産は Cash（現金），Accounts receivable（売掛金），Inventory（棚卸資産），Building（建物），費用は仕入（Purchases）でこれを借方に記載します。

　また負債は，Accounts payable（買掛金），Bonds payable（社債），資本は Common stock（資本金）と Retained earnings（利益剰余金），収益は Sales（売上）で，これらはすべて貸方に記載しますので，指定された解答欄に資料の金額を入れれば，解答のようになります。

　ここで，Retained earnings は不明ですが，先に借方項目はすべて金額がわかっていますから借方合計は＄51,300と計算され，これは必然的に貸方合計と一致します。よって貸方合計から Retained earnings 以外の貸方項目をマイナスして，Retained earnings は＄2,850となります。

{第5章}
決算修正仕訳
~Adjusting entries~

第 5 章　決算修正仕訳～Adjusting entries～

1　発生主義会計（Accrual basis）と現金主義会計（Cash basis）

　第 1 章において簿記の前提条件で述べたように，継続企業の公準（Going concern assumption）を前提として，会社については通常 1 年を区切りとした**会計期間（Accounting period）**ごとに，**財政状態（Financial position）**と**経営成績（Operating result）**を把握する必要があります。Subject 1 では，この会計期間を暦年とする12月決算の会社を前提としており，損益計算書（Income statement）においては，1 月 1 日から12月31日までの間に発生した収益（Revenue）と費用（Expense）を集計し，その結果としていくら利益（Net income）あるいは損失（Net loss）を計上したかを明らかにすることで，経営成績が開示されるわけですが，ここで 1 年間の経営成績を考えるにあたり，収益と収入，費用と支出の違いについてあらためて検討することとします。

　掛け売上（Sales on credit）と掛け仕入（Purchase on credit）を考えてみた場合，収益である売上と費用である仕入は必ずしも現金の出入りを伴うものではありません。これに対し収入・支出は，必ず現金の出入りを伴うものとなります。例えば2009年12月決算期の会社において，11月30日に商品を掛けで＄2,000販売したものとします。米国や日本の基準では，商品は出荷した時点で売上を計上しますので同日に商品の出荷があったものとすれば，2009年において＄2,000の売上を計上できます。

　ところが代金の回収は翌年の 2 月になったとすれば2009年において＄2,000の収益（売上）は計上できたものの，収入はゼロということになります。このように収益の認識に関して，財貨・サービスの提供を起因として，現金を獲得した時点ではなく，企業にとって経済的価値の増加の原因事実が発生した時点（ここでは商品を出荷した時点）で収益を認識する方法を**発生主義会計（Accrual basis）**といい，現金収入にあわせて収益を認識する**現金主義（Cash basis）**と対比され，現行の企業会計では先に述べた継続企業の公準により，未

来永劫にわたる企業活動を人為的に区切った会計期間ごとに，財政状態と経営成績を把握する必要があることから，現金主義ではなく発生主義会計が採用されています。

つまり先の例では，2009年11月30日に商品を販売し，実際の代金の回収が翌年になったとしても，それに見合った対価を獲得できる原因事実となった商品の販売は，2009年11月に行われ，2009年度の会計期間に帰属するものですから，2009年度の収益とすることが求められるわけです。

なお，ここでは収益だけしか取り上げませんでしたが，費用についても同様に発生主義で認識し，この場合は財貨サービスの提供を受け，それに伴う経済価値費消の原因事実が発生した時点で費用を認識することになります。

またよりわかりやすくいえば，収益については財貨サービスの提供により，対価を請求できる権利が発生した時点で，また費用は財貨サービスの提供を受け，それにより対価の支払義務が発生した時点で認識するものといえましょう。こうして経営活動の努力たる費用と成果たる収益を，それぞれの原因事実の発生時点でとらえることにより，継続企業の公準に基づき企業活動を人為的に区切った会計期間ごとの財政状態と経営成績を正しく表示することができるわけです。

2 決算修正仕訳（Adjusting entry）

発生主義の企業会計への適用例として，財政状態と経営成績を適正に表示するために，収益費用の計上時期と現金の入出金時との調整を決算時において行う，**決算修正仕訳**（Adjusting entries）があり，BATICのSubject 1にて扱うのは以下のものとなります（ちなみにすでに第2章でみた棚卸計算法（Periodic inventory system）を採用する場合の売上原価（Cost of goods sold）

第 5 章 決算修正仕訳〜Adjusting entries〜

の計算，及び事務用消耗品費（Office supplies expense）についても，期末の決算整理仕訳にて行います）。

Ⅰ 前払費用（Prepaid expense）
Ⅱ 前受収益（Unearned revenue）
Ⅲ 未払費用（Accrued expense）
Ⅳ 未収収益（Accrued revenue）
Ⅴ 減価償却費（Depreciation expense）

　本章では，これらの 5 つの仕訳につき，具体例を交えてみていくこととします。
　発生主義をより簡潔にいえば，費用についてはサービスを受けたとき，また収益はサービスを行ったときに，それぞれ対価の見合いとして発生するものと考えられます。そして最終的に当該対価は現金の授受を通して決済しますが，仮に費用についてサービスを受けたときに現金を支払い，収益についてはサービスを行ったときに現金を受け取るのであれば，発生主義と現金主義による費用収益の認識は一致し，何ら問題はありません。
　しかし，現実においては，
① サービスを受けていないのに，先に支払を行う（上記Ⅰの前払費用）
② サービスを受けたのに，支払を行っていない（Ⅲの未払費用）
また
③ サービスを行っていないのに，支払を受ける（Ⅱの前受収益），
④ サービスを行ったのに，支払を受けていない（Ⅳの未収収益）
という，4 つのケースが生じます。

　そして上記①と②は，サービスを受ける方ですから，費用の発生に関係し，①は，先に支払を済ませていますから，前払ということで前払費用，②はまだ払っていないわけですから，未払ということで未払費用となります。

ここで前払費用は，サービスを受けていないのに先にお金だけ払ったわけですから，その分相手に対しサービスを請求できる権利が生じますから，貸借対照表上，**資産**（Assets）として計上します。

　一方，未払費用は，サービスを受けたのに対価を払ってないわけですから，相手に対する支払義務が発生し，貸借対照表上，**負債**（Liabilities）として計上します。

　また③と④は，サービスを行う方ですから，収益の発生に関係し，③は先に（前に）支払を受けるものですから，前受収益，④は支払を受けておらずいまだ収入となっていないものですから，未収収益となります。

　ここで前受収益はサービスを行う前に，お金をもらうわけですから，相手に対しサービスの提供義務が生じるため，負債（Liabilities）となります。そして未収収益は，サービスを行ったのに，まだお金をもらってないので，相手に対し代金の請求権が発生するので，資産（Assets）となります。

　このような場合，後ほど詳しくみますが費用及び収益は時の経過に応じ発生し，期末の決算修正においては，期末までに行ったサービスの月数に応じて費用を認識，そして期末までに受けたサービスの月数に応じ，収益を認識するための仕訳が必要となり，これが上でみたⅠ～Ⅳの決算修正仕訳となります。

★ポイント★

Prepaid expense
　対価が支払済みであるサービスの請求権として資産

Accrued expense
　すでに提供を受けたサービスの代金の支払義務として負債

Unearned revenue
　すでに支払を受けたサービスの提供義務として負債

第5章　決算修正仕訳～Adjusting entries～

> Accrued revenue
> 　提供したサービスの代金の請求権として資産
>
> 発生主義による期末の決算修正
> 費用・・・期末までにサービスを受けた月数に応じ，当期の費用を認識。
> 収益・・・期末までにサービスを行った月数に応じ，当期の収益を認識。

EXERCISE 1

Determine whether the following sentence is correct or incorrect.

Adjusting entries are necessary, because financial statements are prepared on a cash basis.
（決算修正仕訳が必要な理由は，財務諸表が現金主義に基づき作成されるからである。）

（第17回問題18類題）

【解答・解説】Incorrect
　決算修正仕訳が必要な理由は，財務諸表が現金主義ではなく，発生主義（Accrual basis）により作成されているからです。

3　前払費用（Prepaid expense）

　先にみたように，前払費用はいまだ提供を受けていないサービスに対し，すでに対価の支払を終えたものをいい，これには例えば来年度の家賃（Rent expense）や保険料（Insurance expense）等を，今年中に払った場合が挙げられます。
　このとき，まだサービスを受けていないにも係わらず，お金だけ先に払って

いるものですから、相手に対しサービスを要求できる権利が生じます。よって前払費用は権利たる資産（Assets）として貸借対照表に計上します。

　仮に暦年を採用する会社（a calendar-year company，つまり12月決算の会社）が，2011年11月1日に半年分（2011年11月から2012年4月）の家賃＄600（1ヵ月＄100）を前払いしたものとします。現金主義によれば，支払った＄600全額が2011年度の家賃となります。

　しかし2011年の決算においては，2011年1月1日から12月31日の1年間の損益計算書と，2011年12月31日時点の貸借対照表を作成するわけです。よって2011年の損益計算書では，その1年間において実際にサービスを受けた月数分の費用を計上するわけですから，2011年11月1日から半年分の家賃を支払った場合でも，2011年の費用となるのは，期末までに住居サービスを受けた月数，つまり11月と12月の2ヵ月分だけとなり，残り4ヵ月分は2012年に入ってから，あらためてサービスを受けるものですから，2012年の費用となります。

　そしてこの4ヵ月分は2011年期末の貸借対照表では，次年度の対価をすでに支払っているわけですから，その分サービスの提供を請求できる権利たる資産として，前払家賃（Prepaid rent）に計上します。

　これを図示すると，以下のようになります。

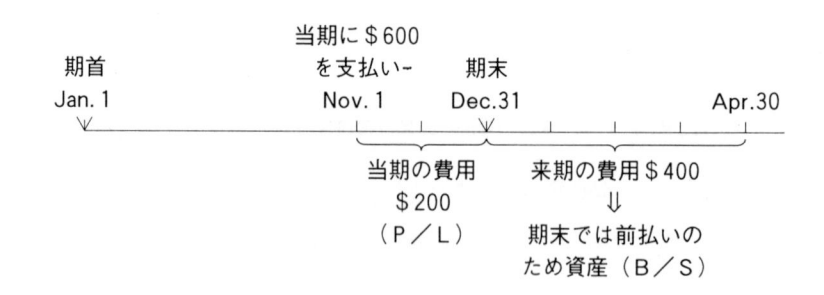

```
                当期に＄600
                を支払い-     期末
    期首         Nov. 1      Dec.31              Apr.30
   Jan. 1
     ↓                         ↓
              ├─────────┤├─────────┤
                当期の費用    来期の費用＄400
                 ＄200          ⇓
                （P／L）     期末では前払いの
                             ため資産（B／S）
```

第5章 決算修正仕訳～Adjusting entries～

> 12月決算の会社が11月1日に半年分の家賃＄600を前払い（毎月＄100）。
> 期末までに実際にサービスを受けた月数分（2ヵ月分）を当期の費用として，P／Lに計上。
> 期末を越えた来年分は，翌年サービスを請求できる権利たる資産を示す前払費用としてB／Sに計上。

ではこの場合，2011年度の決算においてどのような処理を行うかですが，半年分の家賃を支払った段階で，すべて費用である支払家賃（Rent expense）として処理する費用法（Expense method）と，すべて資産である前払家賃として処理する資産法（Asset method）のいずれをとるかで，決算仕訳は変わりますが，最終的な結果は，上記枠内の示すとおりです。

Example 1

2011年11月1日に暦年を採用するA社が，B社から家賃月額＄100の事務所を借り，半年分の家賃＄600を前払いした。

	費用法（Expense method）	資産法（Asset method）
家賃支払時	Dr. Rent expense　　　600 　　Cr. Cash　　　　　　600 支払時に＄600を全額，費用たる支払家賃勘定に計上します。	Dr. Prepaid rent　　　600 　　Cr. Cash　　　　　　600 支払時に＄600を全額，資産たる前払家賃勘定に計上します。
2011年決算時	Dr. Prepaid rent　　　400 　　Cr. Rent expense　　400 2011年度の家賃は11月と12月の2ヵ月分ですから，来期の4ヵ月分を当期の家賃から取り除き家賃を減少させるとともに，同額を，来期は対価の支払なくサービスを受けられる権利たる前払家賃勘定に振替えます。	Dr. Rent expense　　　200 　　Cr. Prepaid rent　　　200 支払から決算時までの2ヵ月経過分は2011年の費用となりますので，＄200を当期の家賃とするとともに，前払家賃を同額減らすことにより，前払家賃勘定が来期の4ヵ月分の＄400に修正されます。

EXERCISE 2

On September 1, 2010, XYZ Company, a calendar-year company, bought an insurance policy covering a 2-year period and paid $2,400 cash. On that date, it made the following journal entry.

 Dr. Insurance expense   2,400
  Cr. Cash   2,400

What journal entry should XYZ Company make on December 31, 2010.?

(第17回問題17類題)

【解　答】

 Dr. Prepaid expense   2,000
  Cr. Insurance expense   2,000

【解　説】

　2010年9月1日に，暦年を採用するXYZ社は，2年間の保険証券を購入し，現金$2,400を支払ったとあります。問題文では2年分，月数にすれば24ヵ月分の保険料$2,400を全額保険料として，支払時に費用計上していますので，当初から費用法で計上していることがわかります。XYZ社は暦年を採用しており期末は12月31日ですから，発生主義のもと2010年に計上すべき保険料は保険サービスの提供が開始された9月1日から，期末の12月31日までの4ヵ月分となります。

　残りの20ヵ月分は，来年度以降に保険サービスの提供を受ける権利となりますから，これを資産として前払保険料（Prepaid insurance）に計上します。2年間の保険料は$2,400につき，1ヵ月あたりの保険料は$100（＝2,400÷24）と計算されますから，前払費用は$2,000（＝100×20）として借方に計上し，同額を保険料からマイナスし，貸方に計上します。

第5章　決算修正仕訳〜Adjusting entries〜

EXERCISE 3

On September 1, 2010, XYZ Company, a calendar-year company, paid $2,400 premium for a two-year insurance policy and debited to an asset account. What journal entry should XYZ Company make on December 31, 2010.?

(2010年9月1日，暦年を採用するXYZ社は2年間の保険証券に対し$2,400の保険料を支払い，資産勘定の借方に計上した。XYZ社が2010年12月31日に行うべき仕訳を示しなさい。)

(第19回問題15類題)

【解　答】

　　Dr. Insurance expense　　　　　　400
　　　　Cr. Prepaid insurance　　　　　　400

【解　説】

問題文では，debited to an asset account とあることから，当初全額資産として Prepaid insurance（前払保険料）勘定に計上してあることがわかります。よって，当初の仕訳は

　　Dr. Prepaid insurance　　　　2,400
　　　　Cr. Cash　　　　　　　　　　2,400

と処理しており，9月1日から期末までに実際に保険サービスの提供を受けた4ヵ月分の保険料を当期の費用として，前払費用勘定から保険料勘定に振替えます。2年間は24ヵ月であり，1ヵ月分の保険料は$100（＝2,400÷24）で4ヵ月分ですから，当期の保険料は$400となります。

4 前受収益 (Unearned revenue)

前受収益（Unearned revenue）とは，いまだサービスの提供を行っていないにもかかわらず，すでに対価の支払を受けたもの，つまり役務の提供以前に対

価を受け取ってしまったものをいいます。先の前払費用では家賃の支払側から考えましたが、これを受取側で考えたのが前受収益です。

　先のExample 1 を12月決算のB社の立場から考えてみましょう。B社は2011年11月1日にA社に事務所を賃貸し，半年分の家賃＄600（毎月＄100）を同日受け取っています。発生主義の原則からすれば，B社は実際に賃貸サービスの提供を行い，相手に対する対価の請求権が発生した時点，つまり相手に対しサービスを提供した時点で収益である受取家賃（Rent income）の計上を行うべきものといえます。したがって2011年12月の決算時点では，それまでに提供したサービスの月数に応じ，2011年の受取家賃を計上することになります。

　よって2011年の損益計算書においては，実際にサービスを提供した11月と12月の2ヵ月分を受取家賃として計上し，残りの4ヵ月分については来年度にあらためてサービスを提供するものですから，2012年の受取家賃としなければなりません。

　そしてこの4ヵ月分の家賃については，すでに2011年中に支払を受けており，年が明け2012年になった場合，追加的な対価を受けることなく無償で，賃貸サービスの提供を行わなければならない義務を表すものといえますので，2011年の貸借対照表においては，前受家賃（Unearned rent）として，負債に計上します。これを図示すれば以下のとおりです。

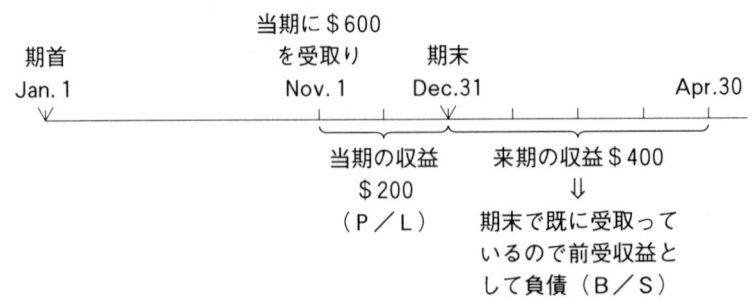

```
                    当期に＄600
                    を受取り      期末
    期首            Nov. 1       Dec.31                    Apr.30
    Jan. 1
    ▼─────────────────┼───────────┼────────────────────┤
                        └───────────┘└────────────────────┘
                         当期の収益     来期の収益 ＄400
                         ＄200              ⇓
                        （P／L）       期末で既に受取って
                                      いるので前受収益と
                                      して負債（B／S）
```

第5章　決算修正仕訳～Adjusting entries～

> 12月決算の会社が11月1日に半年分の家賃＄600を前受（毎月＄100）。
>
> 決算日までにサービスを提供した2ヵ月分を当期の収益としてP／Lに計上。
>
> 決算日以降の来年度の4ヵ月分は、今後サービスの提供義務を示す負債としてB／Sに計上。

　なお2011年度決算における処理ですが，今度は当初家賃を受け取った時点で，全額を収益とする収益法（Revenue method）か，または負債とする負債法（Liability method）をとるかで異なりますが，最終的な結果は，上記のように，決算日以前の2011年に属する月数分の受取家賃を2011年の損益計算書上の収益に，また決算日以降の来年度に帰属する月数分の家賃は，来期においてあらためて対価を追加的にもらうことなく事務所サービスの提供を行わねばならない義務を示すものとして，貸借対照表上前受収益という負債勘定に計上するように，調整を行うことになります。

Example 2

　家賃を前受けしたときの処理（前提：2011年12月決算の会社で2011年11月1日に半年分の家賃＄600を受取）

	収益法（Revenue method）	負債法（Liability method）
家 賃 受取時	Dr. Cash　　　　　　　　600 　　Cr. Rent income　　　600 受取時に＄600を全額，収益たる受取家賃勘定に計上します。	Dr. Cash　　　　　　　　600 　　Cr. Unearned rent　　600 受取時に＄600を全額，負債たる前受家賃勘定に計上します。
2011年 決算時	Dr. Rent income　　　　400 　　Cr. Unearned rent　　400 2011年度の受取家賃は11月と12月の2ヵ月分ですから，来期の4ヵ月分を当期の家賃から取り除き家賃を減少させるとともに，同額を，来期に追加的な対価の受取なくサービスを行う義務として前受家賃勘定に振替えます。	Dr. Unearned rent　　　200 　　Cr. Rent income　　　200 受取から決算時までの2ヵ月経過分は2011年の収益となりますので，＄200を当期の受取家賃とするとともに，前受家賃を同額減らすことにより，前受家賃勘定が来期の4ヵ月分の＄400に修正されます。

EXERCISE 4

On September 1, 2010, MELG Company started to rent an office and received ＄24,000 cash as the annual rent fee, which was credited to a revenue account. The company's fiscal year ends on December 31.

（2010年9月1日に，MELG社はオフィスの賃貸を開始し，年間の賃料として＄24,000の現金を受け取り，これを収益勘定の貸方に計上した。会社の事業年度の末日は12月31日である。）

A）What amount of rent income should MELG company report for the year ended December 31, 2010？

（MELG社は2010年12月31日を末日とする事業年度においていくらの賃貸料を計上すべきか。）

B）MELG Company made the correct adjusting entry on December 31, 2010. What is the effect of this adjusting entry on the amount of assets,

第5章 決算修正仕訳〜Adjusting entries〜

liabilities, and stockholders' equity?

（MELG社が2010年12月31日において，適切な決算修正仕訳を行った。この仕訳が資産・負債・資本に及ぼす影響を正しく示したものは次のうちどれか。）

	Assets	Liabilities	Stockholders' equity
①	Decrease	Decrease	No effect
②	Decrease	No effect	Decrease
③	No effect	No effect	No effect
④	No effect	Increase	Decrease
⑤	Increase	No effect	Increase

（第14回問題11・12類題）

【解　答】

A）$8,000　B）④

【解　説】

A）9月1日に1年分の家賃$24,000を受け取っており，1ヵ月分の家賃は$2,000（＝24,000÷12）となります。2010年度の受取家賃は発生主義により，事務所の賃貸を開始した9月1日から期末までの4ヵ月分を認識しますから，$2,000×4＝8,000の受取家賃を計上します。

なお9月1日と12月31日の仕訳は以下のとおりです。

Sep. 1
  Dr. Cash   24,000
    Cr. Rent income   24,000
Dec. 31
  Dr. Rent income   16,000
    Cr. Unearned rent   16,000

問題文では，受取額を全額収益勘定に計上（credited to a revenue account）とありますから，当初は全額受取家賃勘定に計上し，期末においては，来年度以降の8ヵ月分を前受家賃として，負債に計上し，受取家賃を同額減らします。

B）上記の解説より，期末の修正仕訳では，収益たる受取家賃が減少し，負債たる前受家賃が増加しています。よって，会計等式（資産＝負債＋資本）より負債が増加しても資産に動きはなく，一定のため，資本は減少し，解答は④となります。

5 未払費用（Accrued expense）と未収収益（Accrued revenue）

未払費用（Accrued expense）とは，すでにサービスの提供を受けているにもかかわらず，いまだその対価の支払を終えていないものをいいます。

またこれに対し未収収益（Accrued revenue）とは，サービスを提供したにもかかわらず，いまだその対価の支払を受けていないものをいいます。先の前払費用及び前受収益はサービスの受け渡し以前に，現金の受払いを伴うものでしたが，今度は現金の受払いが後になるケースです。

先のExample 1を前提として，今度は家賃の支払を半年後に行うものとします。ここで現金の支払に合わせて費用を認識する現金主義によれば，A社において支払家賃は，2012年において半年分の＄600が計上されます。

ところが発生主義による場合，2011年12月末時点において，すでに11月と12月の2ヵ月分だけ事務所としてのサービスの提供を受けたわけですから，その支払が来年であったとしても，2ヵ月分の家賃の支払義務は法的に生じているものといえます。よってこの支払義務に着目し，2ヵ月分の家賃＄200（＝＄100×2）を損益計算書において費用として計上するとともに，貸借対照表

第5章 決算修正仕訳～Adjusting entries～

においては，同額を負債として未払費用（Accrued expense）に計上することが必要となります。これを図示すると以下のとおりです。

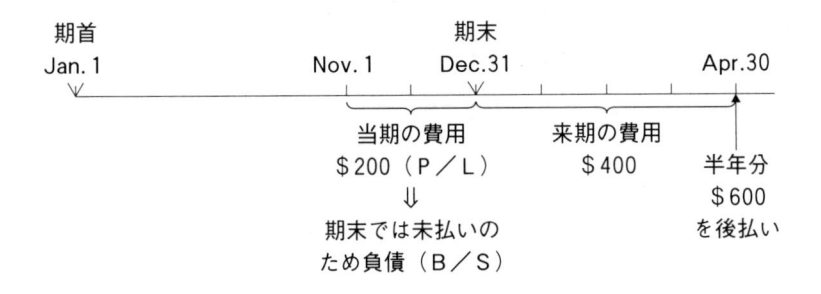

```
          期首                      期末
          Jan. 1        Nov. 1    Dec.31              Apr.30
            ↓             |         |                   ↓
            |―――――――――――――|―――――――――|―――――――――――――――――|
                          当期の費用   来期の費用
                          $200（P／L）  $400           半年分
                              ⇩                       $600
                          期末では未払いの              を後払い
                          ため負債（B／S）
```

> 未払費用・・・提供を受けたサービスに対し対価の支払は決算日以降の来期に行うもの。
> 　サービス提供開始時から当期末までの月数相当額を，当期の費用としてP／Lに計上し，かつ当期の負債としてB／Sに計上。

　一方これをB社の立場で考えた場合，現金主義によればやはり実際に家賃の支払を受ける2012年において半年分の家賃を収益として計上することになるでしょう。しかし発生主義によれば，期末までに賃貸サービスの提供を行った月数分の受取家賃を計上すべきことになります。

　つまり，2011年期末においては，すでに2ヵ月分のサービスを提供し，実際に対価の支払を受けるのは翌年であるとしても，その時点でA社に対し，法的な意味での2ヵ月分の家賃を請求できる権利が発生しているわけです。

　よって，これに応じ，$200（＝$100×2）を損益計算書上において収益として受取家賃（Rent income）に計上し，あわせて同額を貸借対照表上資産として未収収益に計上します。これを図示すると以下のとおりです。

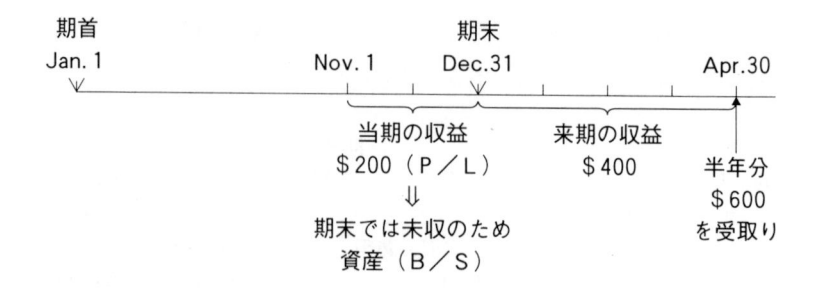

```
        期首                                    期末
        Jan. 1           Nov. 1              Dec.31                    Apr.30
         ▽                 |                   ▽                         |
        ─┼─────────────────┼───────────────────┼─────────────────────────┼─
                           └───────┬───────────┘└────────────┬───────────┘
                              当期の収益                    来期の収益
                              $200(P/L)                    $400             半年分
                                 ⇓                                          $600
                           期末では未収のため                                 を受取り
                              資産(B/S)
```

未収収益・・・サービスの提供を先に行うのに対し，対価の受取が決算日以降の来期になるもの。

　サービス提供時から決算日までの月数相当額を収益としてP/Lに計上，同額を対価の請求権としてB/Sに資産として計上。

Example 3

　ともに暦年を採用するA社とB社で，2011年11月1日，A社がB社所有のビル一室につき，月額$100で半年間の賃貸契約を結んだ。支払は半年後に行うものとする。

第 5 章　決算修正仕訳～Adjusting entries～

	A　社	B　社
賃貸借契約時	仕訳なし	仕訳なし
決算時	Dr. Rent expense　　　　200 　　Cr. Rent payable　　　　200 期末までに2ヵ月のサービスを受けましたので、2ヵ月分の家賃を費用として計上し、同額を未払家賃とします。	Dr. Accrued rent　　　　200 　　Cr. Rent income　　　　200 期末までに2ヵ月のサービスを提供しましたので、2ヵ月分の家賃を収益として計上し、同額を未収家賃とします。
翌年の支払時	Dr. Rent payable　　　　200 　　Rent expense　　　　　400 　　Cr. Cash　　　　　　　600 翌年に半年分の＄600を支払った際、まずは前期の未払家賃＄200の支払に充当し、差額の＄400が来期の1月から4月までの4ヵ月分の支払家賃となります。	Dr. Cash　　　　　　　　600 　　Cr. Accrued rent　　　　200 　　　　Rent income　　　　400 半年分の＄600の家賃の受取は、前期の未収家賃の回収に充当するとともに、差額の＄400は来期に入ってからの1月から4月までの4ヵ月分の受取家賃となります。

EXERCISE 5

On August 1, 2010, MELG Company, a calendar-year company, borrowed ＄30,000 from ABC Company and issued a note. It will pay 4％ interest annually on July 31 and repay the principal in two years. It paid ＄1,200 cash for interest on July 31, 2011. Make the journal entries for both companies on December 31, 2010. Calculate on a monthly basis.

（2010年8月1日、暦年を採用するMELG社は、ABC社より＄30,000につき、手形を振り出して借り入れた。毎年7月31日に4％の利息を支払うものとし、2年で返済することとしている。2011年7月31日に利息として現金＄1,200を支払った。両社が2010年12月31日に行うべき仕訳を示しなさい。利息の計算は月割りで行うものとする。）

（第17回問題33類題）

【解答・解説】

MELG Company		ABC Company	
Dr. Interest expense	500	Dr. Interest receivable	500
Cr. Interest payable	500	Cr. Interest income	500

ＭＥＬＧ社は，2010年8月1日に手形を振り出して金を借り，年4％の利息を毎年7月31日に支払うこととしています。

よって，利息の支払が後払いとなるケースで，12月末の決算日時点では，借入時の8月1日から起算して，5ヵ月分の資金の提供というサービスをＡＢＣ社から受けていますから，5ヵ月分の支払利息（Interest expense）＄500（＝30,000×4％×5／12）を2010年の費用として見越し計上し，同額を未払利息（Interest payable）として負債に計上します。

一方，ＡＢＣ社はＭＥＬＧ社に資金の貸出というサービスを提供し，対価としての利息の受取が後になります。この場合，2010年の12月の決算日においては，ＡＢＣ社はＭＥＬＧ社に対し，資金の貸出というサービスの提供を，8月1日から起算して5ヵ月間行ったわけですから，その対価として5ヵ月分の受取利息＄500を見越し計上し，同額をＭＥＬＧ社に対し請求できる権利として，資産である未収利息（Interest receivable）に計上します。

なお2010年8月1日と，第1回目の利払い日の2011年7月31日の両社の仕訳は以下のとおりです。

第5章 決算修正仕訳〜Adjusting entries〜

MELG Company			ABC Company		
Aug. 1, 2010					
Dr. Cash		30,000	Dr. Notes receivable		30,000
Cr. Notes payable		30,000	Cr. Cash		30,000
Jul. 31, 2011					
Dr. Interest expense		700	Dr. Cash		1,200
Interest payable		500	Cr. Interest income		700
Cr. Cash		1,200	Interest receivable		500

　第1回目の利払い日に，MELG社は1年分の利息＄1,200（＝30,000×4％）をABC社に支払いますが，これは前年度の2010年度に負債に計上したInterest payable＄500の支払と，2011年に入ってから7月末までの7ヵ月分のInterest expense＄700（＝1,200－500）の支払とに分解できますので，これらを借方に計上します。
　なお，この＄700は30,000×4％×7／12と計算できますが，試験ではCash＄1,200と前年度のInterest payable＄500の差額として求めれば結構です。

　一方，ABC社は1年分の利息＄1,200を受け取りますが，これは前年度MELG社に対して計上した未収利息＄500の回収と，2011年に入ってから7月末までの7ヵ月分の利息の受取額＄700（＝1,200－500）とに分解できます。
　この受取利息＄700は，先と同様，30,000×4％×7／12，と計算できますが，試験では，差額として求めれば結構です。

EXERCISE 6

XYZ Company, a calendar-year company, borrowed ＄30,000 from a bank and issued a note on October 1, 2010. It accrued ＄600 interest expense on December 31, 2010 and paid ＄2,400 cash for interest on September 30, 2011. Make the journal entries for respective transactions.

(第17回問題33類題)

October 1, 2010
  Dr.
    Cr.

December 31, 2010
  Dr.
    Cr.

September 30, 2011
  Dr.
    Cr.

【解答・解説】

October 1, 2010

  Dr. Cash   30,000
    Cr. Notes payable   30,000

　銀行から手形を振り出して＄30,000を借りましたから、Cashが＄30,000増加するとともに、銀行に対する負債である支払手形（Notes payable）が同額増加します。日本ではこうした場合の手形を手形借入金としています。

December 31, 2010

  Dr. Interest expense   600
    Cr. Interest payable   600

　暦年を採用しているため、期末において、2010年度の支払利息につき、手形振出日から期末まで3ヵ月分の利息＄600を見越し計上します（accrue ＄600 interest expense）。よって借方は費用の発生として支払利息、貸方は3ヵ月分の利息の支払義務が生じているため、負債として未払利息を計上します。

第 5 章　決算修正仕訳〜Adjusting entries〜

September 30, 2011
  Dr. Interest expense   1,800
     Interest payable   600
    Cr. Cash   2,400

　手形につき振出日から1年分（10/10/01〜11/9/30）の利息$2,400を現金払いしています。よってCashが2,400減少するため、貸方をCashとします。またこのうち、$600はすでに2010年12月31日において振出日から3ヵ月分の費用の見越計上を行い、未払利息として負債計上しているため、まずはその未払利息の支払に充てるとともに、残りの$1,800は2011年度の支払利息として、1月1日から9月30日までの9ヵ月分が計上されることになります。

6　減価償却費（Depreciation expense）

(1) 減価償却（Depreciation）の意義

　固定資産（Fixed assets または Noncurrent assets）とは、使用目的ないし営業目的のため長期（1年超）にわたって使用する資産をいい、購入時においては購入代価で資産計上します。代表的なものには、建物（Building）や機械（Machinery）などが含まれ、会社の収益獲得活動において様々な役割を果たします。

　例えば八百屋さんの営業車は市場から野菜や果物を仕入れる際に用い、お店の売上に貢献します。一方固定資産については、車を例にとればわかりますように、たとえどんな車であっても購入してから使用に伴い価値が下がっていくものです。仮に全く使用せず、車庫に置いたままであったとしても、中古車市場で売るときには、間違いなく当初の購入価格よりは低い値段で売却せざるを得ないでしょう。このように固定資産というものは一般的には使用または時の経過により価値が減少していくのに対し、いつまでも購入時の価格のままで、貸借対照表に計上しておくのはおかしな話です。

そこで，固定資産の価値の減少形態につき一定の仮定を設けて，そうした価値の減少を固定資産の利用期間にわたって費用として配分し，固定資産の使用による収益獲得への貢献度合いを表すために行う手続を減価償却（Depreciation）といい，減価償却によって毎期の費用として計上された額を減価償却費（Depreciation expense）といいます。

価値が減少するからといって，購入時にいきなり全額を費用処理するのは，おかしな話です。前述したとおり，固定資産は1年を超える長期にわたって使用され，年々その価値を減少させていきながら，企業の収益獲得活動に貢献するわけですから，固定資産の利用による成果（収益）とその努力たる固定資産の価値減少分（費用）を，収益獲得へ向けての貢献度合いを測るという点から，うまく対応させる必要があり，これを企業会計上，費用収益対応の原則（Matching principle）といいます。

仮に購入時に全額費用処理すれば，通常固定資産の対価は高額ですから，購入時は多額の損失が計上され，使用可能期間中の残りの期間は費用が計上されないため，利益が生じるかもしれず，いびつなものとなってしまいます。これに対し購入代価を利用期間にわたって少しずつ費用として処理して，価値を減少させていくことで，固定資産の使用による収益と費用をうまく対応させることができ，かつ損益計算書の会計情報にも期間比較可能性をもたせることができます。

> **減価償却の意義**
> 　費用収益対応の原則（Matching principle）に基づき，固定資産の購入代価をその使用する期間にわたり，毎期の費用として配分する手続である。

（2）減価償却の方法（Depreciation methods）

次に減価償却費の具体的な計算方法をみていくことにします。減価償却費の計算にあたって必要となる要素としては，第1に取得原価（Acquisition cost），次に耐用年数（Useful life），最後に残存価額（Salvage value）と3つのものがあり，これらを減価償却の3要素（Three elements of depreciation）といいます。

ここで取得原価とは，固定資産の購入代価（Purchase price，いわゆる本体価格を意味するものと考えてください）に，付随費用〔購入から使用開始に至るまでに係るもろもろのコスト，例えば引取りに要した運賃（Freight-in）や保険料（Insurance），据付費（Installation cost）等〕を含めたものをいいます。

一方耐用年数とは，固定資産の利用可能な年数をいい，残存価額とは，耐用年数到来時点において予想される見積売却価額をいいます。

★ポイント★

減価償却の3要素
① 取得原価（Acquisition cost）・・・購入代価＋付随費用
② 耐用年数（Useful life）・・・固定資産の使用可能な年数
③ 残存価額（Salvage value）・・・耐用年数到来時点において予想される見積売却価額

ここでBATIC Subject 1レベルで学習する減価償却方法には，以下の4つのものがあります。
1）定額法（Straight-line method）
2）級数法（Sum-of-the-years'-digits method）
3）2倍定率法（Double-declining balance method）

4）生産高比例法（Units-of-production method）

　ここでそれぞれの減価償却費の計算方法の説明に入る前に，減価償却の仕訳を解説しておきます。減価償却の仕訳は以下の2つの方法があります。

減価償却の仕訳
① Direct method（間接法）
　　Dr. Depreciation expense　　　　××
　　　　Cr. Accumulated depreciation　　　　××
② Indirect method（直接法）
　　Dr. Depreciation expense　　　　××
　　　　Cr. Fixed asset　　　　　　　　　××

---

　①の間接法，②の直接法ともに借方は減価償却費という費用の発生ですから，問題ないと思います。これに対し貸方については，①のAccumulated depreciationは減価償却累計額といい，②のFixed assetは対象とする固定資産の勘定を直接減額することになり，両者で処理が異なります。

　前にも述べたとおり，減価償却は，固定資産の価値を減少させるものでしたから，その意味で固定資産勘定を直接減らす②の処理はわかりやすいものといえます。しかし②の処理によれば，毎期固定資産勘定が減価償却費相当額だけ減少し，固定資産勘定をみただけでは，当初の取得原価がわからなくなってしまいます。

　そこで②のように，減価償却累計額という勘定を間に1つはさみ，減価償却費による価値の減少額を固定資産勘定から直接控除せず，減価償却累計額勘定に年々集計していくことで，固定資産勘定が当初の取得原価の情報を表し，減価償却累計額をみればこれまでいくら減価償却費を計上してきたか，その累計値が示されるため，取得原価のうち，価値が失われた金額がいくらかを把握す

第5章 決算修正仕訳～Adjusting entries～

ることができるようになります。

そして固定資産勘定から減価償却累計額を控除した額は，固定資産の帳簿価額（Book value）と呼ばれ，取得原価に対し現時点で本当に価値のある金額を意味することになります。

固定資産の取得原価と減価償却累計額と帳簿価額の関係

帳簿価額（Book value）＝Ｂ／Ｓの固定資産勘定（取得原価）－Ｂ／Ｓの減価償却累計額（減価償却費の過去からの合計）

このように，減価償却累計額勘定は関連する固定資産からの間接的なマイナスを表し，それ自体で独立した意味をもつものではなく固定資産勘定と関連付けて初めて意味を有するものとなり，こうした本勘定に対する間接的な控除勘定を評価勘定（Contra account）といいます。

これで仕訳の説明は終わりましたので，以下，具体的な数値を交えて，まずは上記1）から3）のそれぞれの減価償却方法を説明していきます。

Example 4

2009年1月1日に機械（Machinery）を＄300,000で購入した。耐用年数は4年，残存価額を＄60,000とする場合，①定額法，②級数法及び③2倍定率法による，減価償却費と仕訳を示せ。（間接法を前提とする。）

---

① 定額法による場合

定額法によれば，耐用年数にわたり，毎期一定の額が減価償却費として配分され（The same amount of depreciation expense is allocated to each period of use.），以下の公式に基づき減価償却費を計算します。

定額法による減価償却費の公式

｛取得原価（Acquisition cost）－残存価額（Salvage value）｝×償却率

> (Depreciation rate)
> ここで、償却率＝１÷耐用年数（Useful life）

　残存価額は先述したとおり、耐用年数到来時点における見積売却価額であり、この分は固定資産への投資額を意味する取得原価のうち、売却によって回収可能であるため、償却対象から外すわけです。よってここでは、(300,000－60,000)×１／４＝60,000となり、毎年＄60,000の減価償却費が計上され、１年目から４年目において以下の仕訳を行います。

　　Dr. Depreciation expense　　　　60,000
　　　　Cr. Accumulated depreciation　　60,000

　ちなみに、１年目から４年目まで、当該固定資産の使用により毎年＄80,000の収益が計上され、費用は減価償却費のみとした場合の収益、費用（減価償却費）、当期純利益（Net income）、減価償却累計額及び各年の期末時点での帳簿価額を表に示すと以下のようになります。

	収　益	費　用 （減価償却費）	当期純利益	減価償却 累計額	帳簿価額
１年目	＄80,000	＄60,000	＄20,000	＄60,000	＄240,000
２年目	80,000	60,000	20,000	120,000	180,000
３年目	80,000	60,000	20,000	180,000	120,000
４年目	80,000	60,000	20,000	240,000	60,000

　仮に減価償却を行わず、取得価額から残存価額をマイナスした額を１年目に全額費用化した場合、収益、費用、当期純利益は以下の関係になります。

第5章　決算修正仕訳～Adjusting entries～

	収　益	費　用 （減価償却費）	当期純利益
1年目	$80,000	$240,000	$-160,000
2年目	80,000	0	80,000
3年目	80,000	0	80,000
4年目	80,000	0	80,000

　上記を見比べていただけばわかりますように，減価償却を行った場合毎年の利益が平準化され，固定資産が毎期の収益獲得に向けその役割を果たしながら少しずつその価値を減じていく様が示され，費用収益対応の原則（Matching principle）が図られるのに対し，減価償却を実施せず購入年度にいっきに費用化した場合，初年度のみ大幅な損失が計上され，残りの年度は利益となり，毎期の収益獲得に貢献する固定資産の使用の実態が示されないことになります。

② 　2倍定率法（Double-declining balance method）
　2倍定率法（Double-declining balance method：以下ＤＤＢと略）は，定額法と異なり毎期一定額を減価償却費とするのではなく，使用の初期段階で加速度的な償却方法により減価償却を多めに計上し，使用に伴い漸次減価償却費が減少していく方法をいいます。

　パソコンなどの例をみればわかるように，技術革新の著しい昨今において，新製品が販売されたとしても1年後には新モデルが発売され，価値は急激に減少していきます。したがって，そうした環境下においてはなるべく早い段階で償却費を計上し，固定資産の価値を減じていく必要があるため，その要請にこたえる償却方法として用いられており，2倍定率法による減価償却費の公式は以下のようになります。

> **2倍定率法による減価償却費の公式**
>
> 期首時点の帳簿価額×償却率＝（取得原価－期首時点の減価償却累計額）×償却率
>
> 償却率＝定額法の償却率×2＝$\dfrac{1}{\text{耐用年数}}$＝×2

①において，定額法の償却率は0.25（＝1／4）でしたから，定率法による償却率は0.5（＝0.25×2），よって各年度ごとの減価償却費は以下の表のように計算されます。

	①取得原価	②期首減価償却累計額	③期首帳簿価額 (＝①－②)	④減価償却費 (＝③×0.5)	⑤期末減価償却累計額 (＝②＋④)	⑥期末帳簿価額 (＝①－⑤)
1年目	$300,000	$0	$300,000	$150,000	$150,000	$150,000
2年目	300,000	150,000	150,000	75,000	225,000	75,000
3年目	300,000	225,000	75,000	15,000	240,000	60,000
4年目	300,000	240,000	60,000	0	240,000	60,000

まず1年目は，まだ減価償却を行っていませんから，期首の帳簿価額は取得原価に等しくなり，これに償却率の0.5を乗じて減価償却費が150,000と計算され，同額が1年目の期末の減価償却累計額となります。

そして2年目については，1年目末の減価償却累計額が期首の減価償却累計額，かつ1年目の期末帳簿価額が期首帳簿価額となりますから，(300,000－150,000)×0.5＝150,000×0.5＝75,000と計算され，2年目末の減価償却累計額は225,000（＝150,000＋75,000）となります。

次に3年目ですが，これに関しては若干注意を要します。というのは，文字どおり公式を使って減価償却費を計算すると，(300,000－225,000)×0.5＝37,500となりますが，この場合期末の減価償却累計額は262,500（＝225,000＋

37,500），帳簿価額は37,500（＝300,000－262,500）となり，帳簿価額が残存価額の60,000を下回る結果となってしまいます。

　残存価額については，固定資産への投資額のうち回収可能な額ですから，償却を行う必要はなく，償却を実施したとしても最終的な帳簿価額は必ず残存価額まで残しておかねばなりません。よって3年目についての減価償却費は15,000（＝期首帳簿価額75,000－残存価額60,000）とすればよいことになります。またこれにより期末の減価償却累計額は＄240,000となり，取得原価から残存価額を差し引いた必要償却額相当額まで，償却が実施されたことになります。

　そして4年目ですが，すでに3年目において必要償却額まで償却が済み，帳簿価額は残存価額まで達していますので，償却を行う必要はなく，結果として減価償却費はゼロとなります。よって各年度における減価償却費の計上仕訳は以下のとおりとなります。

1年目
  Dr. Depreciation expense   150,000
    Cr. Accumulated depreciation   150,000
2年目
  Dr. Depreciation expense   75,000
    Cr. Accumulated depreciation   75,000
3年目
  Dr. Depreciation expense   15,000
    Cr. Accumulated depreciation   15,000
4年目
  仕訳なし（償却額がゼロのため）

③ 級数法（Sum-of-the-years' digits method）

級数法による減価償却費の公式は以下のとおりになります。

級数法による減価償却費の公式

$$\{取得原価-残存価額\} \times \frac{n-期首時点の使用年数}{\frac{n(n+1)}{2}}$$

n：耐用年数

級数法は毎年の減価償却費の計算にあたって，耐用年数にわたる各年度の期首時点で残り何年使用可能かを示す残存耐用年数に着目したもので，上記公式中の（n－期首時点の使用年数）が，残存耐用年数を意味するものです。

そして使用期間における毎年の期首時点での残存耐用年数の合計値に占める，該当年度の期首の残存耐用年数の割合を当該年度中の固定資産の利用度合ととらえ，減価償却を行うもので，これを図に示すと以下のようになります。

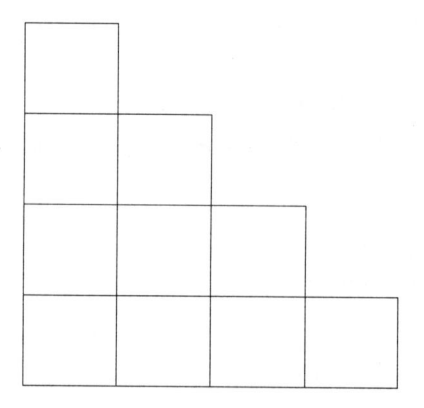

1年目　2年目　3年目　4年目

図に示す各マスの数が対象年度における期首時点の残存耐用年数を示し，1年目は耐用年数に等しい4個，2年目が3個，3年目が2個という具合に，1

第5章 決算修正仕訳〜Adjusting entries〜

年の時の経過に合わせて1個ずつ減少していき，このマスの総合計の数が，耐用年数の各年における残存耐用年数の合計を表します。

　設例の場合，耐用年数は4年ですから，マスの総合計の数は10個（＝4＋3＋2＋1）と簡単に計算できますが，これが20年，30年ともなれば計算も容易ではありません。実はこれを簡単に計算するための公式として，上記公式中のn（n＋1）／2という算式があり，説明の場合nに4を代入すれば，4（4＋1）／5＝10と簡単に計算ができ，この公式を用いればたとえ耐用年数が30年であったとしてもスムーズに計算が行えます。

　これによれば各年度の償却率と，減価償却費及び仕訳は以下のように計算されます。

1年目：$\dfrac{4-0}{10}$＝0.4　　（300,000－60,000）×0.4＝96,000

　　Dr. Depreciation expense　　　　96,000
　　　　Cr. Accumulated depreciation　　96,000

2年目：$\dfrac{4-1}{10}$＝0.3　　（300,000－60,000）×0.3＝72,000

　　Dr. Depreciation expense　　　　72,000
　　　　Cr. Accumulated depreciation　　72,000

3年目：$\dfrac{4-2}{10}$＝0.2　　（300,000－60,000）×0.2＝48,000

　　Dr. Depreciation expense　　　　48,000
　　　　Cr. Accumulated depreciation　　48,000

4年目：$\dfrac{4-3}{10}$＝0.1　　（300,000－60,000）×0.1＝24,000

　　Dr. Depreciation expense　　　　24,000
　　　　Cr. Accumulated depreciation　　24,000

使用年数は期首時点ですから，それぞれの年度において1をマイナスした数

字となります。
よって各年の減価償却費は上記のように計算されます。

次に以下の設例により，④生産高比例法の解説をしていきます。

> **Example 5**
>
> 2009年1月1日に機械（Machinery）を＄300,000（残存価額は＄60,000）で購入した。機械の総生産量（Total output）は，20,000個であり，1年目の生産量は4,000個であった場合の，1年目の減価償却費を求めなさい。

生産高比例法による減価償却費の公式は以下のとおりとなります。

$$（取得原価－残存価額）\times \frac{当期の活動量（Current\ Activity）}{見積総活動量（Total\ Expected\ Activity）}$$

ここでは，当期の活動量／見積総活動量が償却率を表します。総活動量としては，設例にある生産個数や車の場合などの走行可能距離等が用いられ，活動の実態に応じて取得原価を毎期の費用として配分しようとする考え方で，仮に対象とする期間中において一切活動がなかった場合には減価償却費の計上は行われないことになり，その意味ではこれまでみてきた，時の経過により費用を配分する定額法，2倍定率法及び級数法とは考え方が異なります。

そして上記公式により，設例の減価償却費の計算は以下のとおりとなります。

$$(300,000-60,000) \times \frac{4,000}{20,000} = 48,000$$

EXERCISE 7

XYZ Company, a calendar-year company, owns the following fixed assets.

（第16回問題32類題）

第5章 決算修正仕訳～Adjusting entries～

	Acquisition Date	Acquisition Cost	Useful life	Salvage value	Depreciation method
Machinery	January 1, 2009	$200,000	4 years	$20,000	Double-declining-balance method
Building	April 1, 2010	$800,000	50 years	$40,000	Straight-line method
Equipment	January 1, 2009	$40,000	5 years	$4,000	Sum-of-the-years' digits method

(1) Compute the following amounts that XYZ Company should report in its 2011 financial statements.

1．Accumulated depreciation for machinery　　$ [　　　　　]
2．Net book value for building　　　　　　　　$ [　　　　　]
3．Depreciation expense for equipment　　　　$ [　　　　　]

(2) What journal entry should XYZ Company make on December 31, 2011.? As for account titles, select appropriate accounts from the list below.

Machinery　Building　Accumulated depreciation　Salvage value
Depreciation expense

【解　答】

(1)

1．Accumulated depreciation for machinery　　$ [　175,000　]
2．Net book value for building　　　　　　　　$ [　773,400　]
3．Depreciation expense for equipment　　　　$ [　　7,200　]

(2)

　　Dr. Depreciation expense　　　　47,400
　　　Cr. Accumulated depreciation　　　47,400

【解　説】

(1)

1．機械（Machinery）についての減価償却累計額　$175,000

	取得日	取得原価	耐用年数	残存価額	減価償却方法
Machinery	Jan. 1 2009	$200,000	4 years	$20,000	2倍定率法

　ＸＹＺ社は暦年決算ゆえ，2011年12月31日時点での減価償却累計額を計算します。ここで取得日は2009年1月1日で期首に取得していますから，2011年度末まで3年が経過するので，3年分の減価償却累計額を計算します。

　機械の減価償却費は2倍定率法のため，期首時点での帳簿価額を求める必要があります。期首時点の帳簿価額は取得原価から期首時点の減価償却累計額を控除して求めますから，初めに期首時点までの減価償却累計額を求めます。

　2倍定率法の償却率は，定額法の償却率0.25（＝1／4）を2倍しますから，0.5（＝0.25×2）となります。よって取得時点から2011年期末までの各年の減価償却費は以下のとおり計算されます。

2009年：200,000×0.5＝100,000

2010年：(200,000－100,000)×0.5＝50,000

2011年：｛200,000－(100,000＋50,000)｝×0.5＝25,000

　これより2011年期末時点における減価償却累計額は上記を合計し，$175,000（＝100,000＋50,000＋25,000）と計算されます。

2．建物の帳簿価額

	取得日	取得原価	耐用年数	残存価額	減価償却方法
Building	Apr. 1 2010	$800,000	50 years	$40,000	定額法

　建物は取得日が2010年4月1日であり，2011年期末までは，2010年の9ヵ月分（2010／4／1～12／31）と2011年の12ヵ月分の合計21ヵ月分の減価償却累計額を計算します。償却率は0.02（＝1／50）であるから，まずは毎年の減価償却費を以下のように求めます。

1年目（2010年）：(800,000−40,000)×0.02×9ヵ月／12ヵ月＝11,400
2年目（2011年）：(800,000−40,000)×0.02＝15,200
　そして上記を合計して，＄26,600となります。
　なお，よりもっと直接的に，
(800,000−40,000)×0.02×21／12＝26,600
と求めることもできます。
　そして帳簿価額は取得原価から減価償却累計額を控除して求めますから，
800,000−26,600＝＄773,400
と計算されます。

3．設備の減価償却費

	取得日	取得原価	耐用年数	残存価額	減価償却方法
Equipment	Jan. 1 2009	$40,000	5 years	$4,000	級数法

　設備は級数法により減価償却を行います。取得は2009年1月1日ですので，2011年度は取得から3年目となります。よって2011年の期首時点における使用経過年数は2年となるため，級数法の公式を用い，2011年の減価償却費は以下のとおり計算されます。

$$(40,000-4,000) \times \frac{5-2}{\dfrac{5\ (5+1)}{2}} = 7,200$$

（2）減価償却の仕訳としては，直接法と間接法があります。借方は減価償却費とするのは共通ですが，貸方につき，直接法によれば，対象とする固定資産の勘定を直接減らすのに対し，間接法では減価償却累計額勘定を用います。

指定勘定の中ではMachineryとBuildingがあるものの，Equipmentはないので，ここでは間接法による減価償却累計額勘定を用いることがわかります。
（1）より，2011年におけるMachineryとBuildingとEquipmentのそれぞれの減価償却費は25,000, 15,200そして7,200ですから，合計すると47,400となり，仕訳は次のようになります。

| Dr. Depreciation expense | 47,400 |
| Cr.　Accumulated depreciation | 47,400 |

EXERCISE 8

ABC Company, a calendar-year company, bought the following machinery on January 1, 2009.

Acquisition cost	Useful life	Salvage value
$30,000	8 years	$3,000

ABC Company uses the double-declining-balance method for depreciation. Compute depreciation expense for the year ended December 31, 2010

（第18回問題14改題）

第 5 章　決算修正仕訳〜Adjusting entries〜

【解　答】 $5,625
【解　説】
　2倍定率法による減価償却費は以下のように計算されます。
帳簿価額（＝取得原価－期首の減価償却累計額）×償却率＊
＊償却率＝定額法の償却率（＝1／耐用年数）×2

　償却率は1／4 ｛＝（1／8）×2｝，機械の購入は2009年1月1日で，2010年の減価償却費が問われていますから，購入から2年目の減価償却費を求めます。
　購入初年度の2009年の減価償却費は，初年度につき期首の減価償却累計額はゼロであるから，
30,000×1／4＝7,500
よって2年目の2010年度は，
（30,000－7,500）×1／4＝5,625
となります。

{第6章}

精算表と財務諸表の作成
～Worksheet and preparation of financial statements～

〔第6章〕
財務諸表の作成と開示の手続
— Worksheet and preparation
of financial statements —

第6章　精算表と財務諸表の作成〜Worksheet and preparation of financial statements〜

1　精算表（Worksheet）の意義

　第3章では，試算表（Trial balance）の作成をみてきたわけですが，決算整理前の残高試算表を出発点として，第5章の決算整理を行い，最終的に損益計算書（Income statement）と貸借対照表（Balance sheet）を作成するまでの一連の流れを1つの表にまとめたものを精算表（Worksheet）といいます。精算表によれば，残高試算表から決算整理を経て財務諸表作成に至る過程が1つの表上で示されるので，仕訳の借方項目を貸方に転記するなどの記載ミスが把握しやすい，また損益計算書と貸借対照表のすべての項目がスタート地点においてあらかじめ示されているため，それらを効率的にかつ早く作成できる等の利点があります。

2　精算表の記入方法

　精算表の具体的なフォームは次ページに掲げてあります。その具体的な作成ステップは，以下のとおりです。
STEP1
　期末における決算整理前の総勘定元帳（Ledger）上の各勘定科目（Account title）の金額を精算表の一番左の試算表（Trial balance）欄に記入します。試験問題では，記入済みとなっています。
STEP2
　減価償却費や前払費用等の決算整理仕訳を修正記入（Adjustments）欄に記入します。
STEP3
　各勘定科目につき試算表の金額と修正記入欄の金額を加減し，収益費用項目を損益計算書に，資産・負債・資本項目を貸借対照表とに振り分けます。

Account title	Trial balance		Adjustments		Income Statement		Balance Sheet	
	Dr.	Cr.	Dr.	Cr.	Dr.	Cr.	Dr.	Cr.
Cash	95,000							
Accounts receivable	130,000							
Inventory	8,000							
Building	170,000							
Accumulated depreciation		18,000						
Accounts payable		21,000						
Notes payable		30,000						
Common stock		270,000						
Retained earnings		30,000						
Sales		140,000						
Rent income		1,000						
Purchases	60,000							
Salaries expense	35,000							
Insurance expense	12,000							
	510,000	510,000						
Accrued rent								
Prepaid insurance								
Depreciation expense								
Net income/loss								

　なお，上記の精算表のほか，修正記入欄と損益計算書欄の間にさらに修正後残高試算表（Adjusted trial balance）欄を設け，すべての勘定につき試算表と修正記入の金額を加減した金額を一度修正後残高試算表欄に記載した上で，損益計算書と貸借対照表とに振り分ける以下のようなタイプの精算表もあります。

第6章 精算表と財務諸表の作成～Worksheet and preparation of financial statements～

Account title	Trial balance		Adjustments		Adjusted trial Balance		Income Statement		Balance Sheet	
	Dr.	Cr.	Dr.	Cr.	Dr.	Cr.	Dr.	Cr.	Dr.	Cr.
Cash	95,000									
Inventory	390,000									
Building	170,000									

　修正後残高試算表を設けないものは，8つのマスとなりますので，8桁精算表（Eight-column worksheet），また設けるものは10個のマスとなりますので，10桁精算表（Ten-column worksheet）といいます。以下の説明では，8桁精算表を前提とします。

　では，これまで挙げた決算整理の各仕訳につき，設例をもとに，具体的な精算表の記入例をみていきたいと思います。

3 決算整理仕訳（Adjusting entry）と精算表の作成 ①売上原価（Cost of goods sold）の算定

　まず初めに，期末に行う売上原価算定のために，精算表上で行う決算整理を取り上げます。

> **Example 1**
>
> 　A社の当期商品の総仕入高（Gross purchases）は＄70,000，仕入値引高（Purchase return）は＄2,000，仕入割引高（Purchase discount）は＄3,000であった。また期首商品は＄9,000，期末商品は＄11,000であった。以下の精算表において必要な記入を行いなさい。

173

Account title	Trial balance		Adjustments		Income Statement		Balance Sheet	
	Dr.	Cr.	Dr.	Cr.	Dr.	Cr.	Dr.	Cr.
Purchases	65,000							
Inventory	9,000							

【解答・解説】

Account title	Trial balance		Adjustments		Income Statement		Balance Sheet	
	Dr.	Cr.	Dr.	Cr.	Dr.	Cr.	Dr.	Cr.
Purchases	65,000		① 9,000	④ 11,000	63,000			
Inventory	9,000		③ 11,000	② 9,000			11,000	

決算整理において必要な仕訳は以下のとおりです。

　　Dr. Purchases　　　　　　　　　　9,000・・・①
　　　　Cr. Inventory　　　　　　　　　9,000・・・②
　　Dr. Inventory　　　　　　　　　　11,000・・・③
　　　　Cr. Purchases　　　　　　　　11,000・・・④

　上記仕訳のそれぞれの番号は，精算表上の記入に対応させています。また決算整理前の試算表上のPurchasesは，仕入値引や仕入割引をマイナスした後の，純仕入高（Net Purchases）を表すので，＄65,000（＝70,000－2,000－3,000）の値を示しています。また当初の試算表上におけるInventoryは，前期からの売れ残りで当期に繰り越されてきた期首商品（Beginning inventory）を表すことに注意してください。

　修正記入欄の借方・貸方はそれぞれの勘定科目の性質により，正位置側がプラス，反対側がマイナスを意味します。そして精算表は各行の勘定ごとに横に修正記入欄の金額をプラスマイナスして完成させます。Purchasesは当初，当期商品の純仕入高を示していますが，上記の決算整理記入を行うことにより，期首商品の金額がプラス，期末商品の金額がマイナスされ，これが売上原価（Cost of goods sold）の金額＄63,000（＝65,000＋①9,000－④11,000）を示

第6章 精算表と財務諸表の作成〜Worksheet and preparation of financial statements〜

すことになり，売上に対するコストとして損益計算書に振り分けられます。

またInventoryについては，当期に入り期首の商品は売れてなくなり売上原価となるので，決算整理前の試算表上の期首商品の金額を，修正記入欄上資産のマイナスを表す貸方に記入するとともに，当期商品仕入高から新たに生じた今期の売れ残りは期末商品となりますので，その金額は資産の増加として修正記入欄上借方に記載します。これより，Inventoryは9,000＋③11,000－②9,000＝11,000

となり，これが貸借対照表の金額となります。

4　決算整理仕訳と精算表の作成　②減価償却

次に減価償却と精算表の記入をみていきたいと思います。

Example 2

2009年12月31日に取得原価＄500,00の機械（Machinery）につき，耐用年数（Useful life）5年，残存価額（Salvage value）を＄50,000として，定額法により減価償却を行った。なお当該機械は2008年1月1日に取得したものであり，過去において減価償却は適正に実施されているものとする。

Account title	Trial balance		Adjustments		Income Statement		Balance Sheet	
	Dr.	Cr.	Dr.	Cr.	Dr.	Cr.	Dr.	Cr.
Machinery	500,000						500,000	
Depreciation expense								
Accumulated depreciation		90,000						

【解答・解説】

Account title	Trial balance		Adjustments		Income Statement		Balance Sheet	
	Dr.	Cr.	Dr.	Cr.	Dr.	Cr.	Dr.	Cr.
Machinery	500,000						500,000	
Depreciation expense			①90,000		90,000			
Accumulated depreciation		90,000		②90,000				180,000

決算整理仕訳は以下のとおりとなります。

  Dr. Depreciation expense   90,000・・・①
   Cr. Accumulated depreciation   90,000・・・②

　決算整理前の試算表のMachineryの金額は取得原価（Acquisition cost）を表し，またAccumulated depreciation（減価償却累計額）は，当期の期首まで減価償却累計額の値を示します。説例では2008年1月1日取得で，決算日は12月末，当期は2009年ですから，期首までは2008年の12月決算において1年分の減価償却が実施されています。よって1年分の減価償却費＄90,000が減価償却累計額として計上されています。

　減価償却費は，第5章でみたとおり，以下の式で計算されます。
　（500,000－50,000）×1／5＝90,000

　そして当期の決算において1年分の減価償却費＄90,000が計上されますので，それは当期の費用として損益計算書に記載されます。また減価償却累計額は，当期の計上額と試算表上の過年度の額とが合計（90,000＋②90,000＝180,000）されて，＄180,000が貸借対照表に記載されます。

5 決算整理仕訳と精算表の作成 ③費用・収益の見越（Accrual）・繰延（Deferral）

（1）前払費用（Prepaid expense）と精算表
　次に費用・収益の見越・繰延の精算表上における記載例をみていきます。

第6章 精算表と財務諸表の作成〜Worksheet and preparation of financial statements〜

Example 3

2009年12月決算の会社において，11月1日に向こう半年分の保険料 $600を支払った。毎月の保険料は$100とする。

Account title	Trial balance		Adjustments		Income Statement		Balance Sheet	
	Dr.	Cr.	Dr.	Cr.	Dr.	Cr.	Dr.	Cr.
Insurance expense	600							
( )								

【解答・解説】

Account title	Trial balance		Adjustments		Income Statement		Balance Sheet	
	Dr.	Cr.	Dr.	Cr.	Dr.	Cr.	Dr.	Cr.
Insurance expense	600			②400	200			
(Prepaid insurance)			①400				400	

決算整理仕訳は，以下のとおりです。

　　Dr. Prepaid insurance　　　　　　　400・・・①
　　　　Cr. Insurance expense　　　　　　400・・・②

決算整理前の残高試算表上の保険料（Insurance expense）勘定には支払額の $600が計上されていますから，費用法を採用していることがわかります。第5章でみたとおり，費用は時の経過により月ごとに発生していくものであり，2009年12月の決算において計上すべき保険料は，期末までに保険サービスの提供を受けた，11月と12月の2ヵ月分で，残りの2010年1月から4月までの4ヵ月分の費用は，2010年の費用となりますから，2009年の費用から除かねばなりません。

また，この4ヵ月分の保険料は2009年には既に支払を済ませているため，2010年になった場合改めて対価を支払うことなく，保険サービスの提供を無償で受けられる権利を表すものとして，2009年決算期においては，前払保険料（Prepaid insurance）として，資産計上することになります。

保険料は決算整理前の金額から2010年分の4ヵ月＄400がマイナスされ，2009年の11月と12月の2ヵ月分の＄200となり，損益計算書に計上されます。また決算整理において，Prepaid insurance（前払保険料）勘定が新たに設けられ，貸借対照表に計上されます。

（2）前受収益（Unearned revenue）と精算表

Example 4

　2009年12月決算の会社において，2009年10月1日に半年分の家賃＄600を前受けした。下記の精算表上必要な仕訳を示し，精算表への記入を行いなさい。

Account title	Trial balance		Adjustments		Income Statement		Balance Sheet	
	Dr.	Cr.	Dr.	Cr.	Dr.	Cr.	Dr.	Cr.
Rent income		600						
( )								

【解答・解説】

Account title	Trial balance		Adjustments		Income Statement		Balance Sheet	
	Dr.	Cr.	Dr.	Cr.	Dr.	Cr.	Dr.	Cr.
Rent income		600	①300			300		
(Unearned rent)				②300				300

決算整理仕訳は以下のとおりとなります。

　　Dr. Rent income　　　　　　　　　　300・・・①
　　　　Cr. Unearned rent　　　　　　　　300・・・②

　第5章で示したとおり，費用と同様収益も発生主義の原則に従い，入金の事実ではなく，時の経過とともに，役務サービスの提供に伴う対価の請求権の発生とあわせて（when earned）認識します。2009年10月1日に向こう半年分，つまり2010年3月までの家賃＄600を前受けし，精算表上全額受取家賃（Rent income）に計上しており，収益法を採用しています。ただ2009年度においては

第6章 精算表と財務諸表の作成〜Worksheet and preparation of financial statements〜

その全額を収益として計上していいわけではなく，決算日までにサービスを提供した3ヵ月分を2009年の受取家賃とします。そして残りの2010年1月から3月については，2010年に入ってから事務所サービスの提供を行うわけですから，2009年ではなく，2010年の収益となります。そこで，3ヵ月分の家賃につき，当期の収益から除く必要があります。

また一方で，既に2009年中に来年3ヵ月分の対価を受け取っており，2010年に入ってからは対価をもらうことなく事務所サービスの提供を3ヵ月分行わねばならない義務が発生しますので，それを前受家賃（Unearned rent）として負債として認識する必要があります。

受取家賃は収益として貸方がプラス，借方がマイナス，前受家賃は負債ですから，決算整理記入を行うことにより，受取家賃は当初の入金額の＄600から＄300マイナスされて＄300となり2009年10月から12月の3ヵ月分が認識され，また2010年1月から3月の3ヵ月分の受取家賃が負債勘定たる前受家賃として，負債の本来の位置たる貸方に計上されることになります。

（3）未払費用（Accrued expense）と精算表

Example 5

12月決算のA社とB社間で，B社所有のビル一室につき2009年の9月1日から1年の賃貸借契約を行った。家賃は月額＄100で，支払は契約終了時の8月31日に1年分をまとめて行うものとする。このときA社における以下の精算表を完成しなさい。

Account title	Trial balance		Adjustments		Income Statement		Balance Sheet	
	Dr.	Cr.	Dr.	Cr.	Dr.	Cr.	Dr.	Cr.
Rent expense								
( )								

【解答・解説】

Account title	Trial balance		Adjustments		Income Statement		Balance Sheet	
	Dr.	Cr.	Dr.	Cr.	Dr.	Cr.	Dr.	Cr.
Rent expense			①400		400			
(Rent payable)				②400				400

決算整理仕訳は以下のとおりとなります。

  Dr．Rent expense   400・・・①
    Cr．Rent payable   400・・・②

　これまでみてきたとおり，費用は時の経過とともに財貨サービスの価値を費消したことによる対価の支払義務の発生とあわせて（when incurred），現金の支払の事実とは関係なく認識します。この場合，家賃の支払は2010年の8月末だからといって，費用たる支払家賃（Rent expense）の認識を2009年にまったく行わなくてよいというわけではなく，2009年の決算月である12月末時点において既に9月から4ヵ月分の事務所サービスの提供を受けているので，4ヵ月相当分の家賃を支払う義務は生じています。そこで4ヵ月分の$400を当期の支払家賃として計上するとともに，その支払義務を当期の負債として未払家賃（Rent payable）とします。

　決算整理記入により，支払家賃は費用として借方，未払費用は負債として貸方に計上し，それぞれ損益計算書，貸借対照表に振り替えられることになります。

（4）未収収益（Accrued revenue）と精算表

> **Example 6**
>
> 　12月決算のA社とB社間で，B社所有のビル1室につき2009年の9月1日から1年の賃貸借契約を行った。家賃は月額$100で，支払は契約終了時の8月31日に1年分をまとめて行うものとする。このときB社における以下の精算表を完成しなさい。

第6章 精算表と財務諸表の作成～Worksheet and preparation of financial statements～

Account title	Trial balance		Adjustments		Income Statement		Balance Sheet	
	Dr.	Cr.	Dr.	Cr.	Dr.	Cr.	Dr.	Cr.
( )								
( )								

【解答・解説】

Account title	Trial balance		Adjustments		Income Statement		Balance Sheet	
	Dr.	Cr.	Dr.	Cr.	Dr.	Cr.	Dr.	Cr.
(Rent income)				②400		400		
(Rent receivable)			①400				400	

決算整理仕訳は以下のとおりとなります。

  Dr. Rent receivable   400・・・①
    Cr. Rent income   400・・・②

これまでの説明同様，収益は時の経過に伴うサービスの提供による対価の請求権の発生とあわせて認識します。よってこの場合，対価は2010年に1年分をまとめて受け取るとしても，2009年12月の決算時においては，既に9月から4ヵ月間事務所サービスの提供を行い，4ヵ月相当分の対価の請求権が発生しているので，それを資産として未収家賃（Rent receivable）勘定に計上するとともに，2009年中に生じた収益として受取家賃（Rent income）とします。

精算表上は，上記仕訳どおり修正記入欄で未収家賃を借方に，また受取家賃を貸方に記入し，未収家賃については資産のため貸借対照表に，受取家賃については収益のため損益計算書にそれぞれ振り替えます。

6 精算表と総合説例

Example 7

From the following trial balance and adjustments information, prepare the worksheet.

（以下の試算表と決算整理事項をもとに，精算表を完成させなさい。）

MELG Company
Trial Balance
December 31, 2011

	Dr.	Cr.
Cash	$ 85,000	
Accounts receivable	130,000	
Inventory	8,000	
Building	180,000	
Accumulated depreciation		$ 18,000
Accounts payable		21,000
Notes payable		30,000
Common stock		270,000
Retained earnings		30,000
Sales		140,000
Rent income		1,000
Purchases	60,000	
Salaries expense	35,000	
Insurance expense	12,000	
	510,000	510,000

Adjustments（決算整理事項）

1）Ending inventory is $5,000.（期末商品は$5,000である。）

第6章 精算表と財務諸表の作成〜Worksheet and preparation of financial statements〜

2）$500 of rent income should be accrued.（期末において当期分の家賃$500が未収である。）

3）Insurance expense that should be recognized in 2011 is $9,000.（2011年に計上すべき保険料は$9,000である。）

4）Depreciation expense for the year is $18,000（建物の減価償却費は$18,000である。） （第20回問題36改題）

Account title	Trial balance		Adjustments		Income Statement		Balance Sheet	
	Dr.	Cr.	Dr.	Cr.	Dr.	Cr.	Dr.	Cr.
Cash	85,000							
Accounts receivable	130,000							
Inventory	8,000							
Building	180,000							
Accumulated depreciation		18,000						
Accounts payable		21,000						
Notes payable		30,000						
Common stock		270,000						
Retained earnings		30,000						
Sales		140,000						
Rent income		1,000						
Purchases	60,000							
Salaries expense	35,000							
Insurance expense	12,000							
	510,000	510,000						
Rent receivable								
Prepaid insurance								
Depreciation expense								
Net income								

【解答・解説】
　まず，1）から4）の決算整理事項についての仕訳を行います。
1）期末商品は＄5,000であった。

　　　Dr. Purchases　　　　　　　　　8,000・・・①
　　　　　Cr. Inventory　　　　　　　8,000・・・②
　　　Dr. Inventory　　　　　　　　　5,000・・・③
　　　　　Cr. Purchases　　　　　　　5,000・・・④

　試算表の繰越商品（Inventory）欄は，期首の商品を意味します。当期に入り，期首の商品は売れてなくなり，当期の売上原価になり，売上原価は仕入（Purchases）勘定にて計算しますから，期首商品につき，繰越商品勘定をマイナスし仕入勘定に振り替えます。

　また試算表の仕入勘定は当期の商品仕入高を示し，決算整理を経て売上原価を表す勘定として使われます。そして期末商品は当期の仕入高から生じた売れ残りですから，当期の売上原価とはならないため，期末において仕入高からマイナスし，繰越商品勘定に振り替える処理を行います。

2）期末において当期分の家賃＄500が未収である。

　　　Dr. Rent receivable　　　　　　500・・・⑤
　　　　　Cr. Rent income　　　　　　500・・・⑥

　家賃の受取が来年の場合でも，決算月をはさんで当期に帰属する分については，既に住居サービスの提供を行ったことに対し対価の請求権が発生しているものとして，未収家賃（Rent receivable）を資産に，そして同額を当期の収益として受取家賃（Rent income）に計上します。

3）2011年に計上すべき保険料は＄9,000である。

　　　Dr. Prepaid insurance　　　　　3,000・・・⑦
　　　　　Cr. Insurance expense　　　3,000・・・⑧

　費用は，毎月サービスの提供を受けたことによる対価の支払義務の発生とあ

第6章 精算表と財務諸表の作成～Worksheet and preparation of financial statements～

わせて認識します。よって来年度の保険料を先に支払った場合，来年度分はいまだ保険サービスの提供を受けていないため，当期の保険料（Insurance expense）から除くとともに，既に対価の支払は終わっているため，来年に入れば対価を払うことなく保険サービスの提供を受けることができる権利として，資産たる前払保険料（Prepaid insurance）勘定に計上します。試算表の保険料は＄12,000で，当期に計上すべき保険料は＄9,000ですから，差額の＄3,000だけ保険料をマイナスして，前払保険料に計上します。

4）建物の減価償却費は＄18,000である。

  Dr．Depreciation expense   18,000・・・⑨
   Cr．Accumulated depreciation   18,000・・・⑩

　固定資産である建物は時の経過または使用により，価値が徐々に低下していきます。決算整理ではその価値の低下を減価償却費（Depreciation expense）として，費用に計上します。また試算表では，減価償却累計額（Accumulated depreciation）勘定があることから，減価償却費の相手勘定としては，建物を直接減らすのではなく，建物の評価勘定として減価償却累計額を用いることになり，結果として試算表の建物勘定はその購入に要した取得原価（Acquisition cost）を表していることがわかります。

　最後に精算表を完成させるにあたって，最下段の当期純利益または当期純損失を計算する必要があります。複式簿記の原理より，修正記入欄，損益計算書，貸借対照表につき，それぞれの借方合計と貸方合計は必ず一致します。
　よって当期純利益は，修正記入欄をもとに損益計算書の各数字を集計した後，損益計算書の貸方合計の収益＄141,500と借方合計の費用＄125,000との借方差額＄16,500として計算します。（費用＞収益なら貸方差額として当期純損失）
　次に，この当期純利益は貸借対照表上，純資産を増加させますので，貸方に記入することで，貸借対照表の借方合計と貸方合計は一致します。

Account title	Trial balance		Adjustments		Income Statement		Balance Sheet	
	Dr.	Cr.	Dr.	Cr.	Dr.	Cr.	Dr.	Cr.
Cash	85,000						85,000	
Accounts receivable	130,000						130,000	
Inventory	8,000		③ 5,000	② 8,000			5,000	
Building	180,000						180,000	
Accumulated depreciation		18,000		⑩ 18,000				36,000
Accounts payable		21,000						21,000
Notes payable		30,000						30,000
Common stock		270,000						270,000
Retained earnings		30,000						30,000
Sales		140,000				140,000		
Rent income		1,000		⑥ 500		1,500		
Purchases	60,000		① 8,000	④ 5,000	63,000			
Salaries expense	35,000				35,000			
Insurance expense	12,000			⑧ 3,000	9,000			
	510,000	510,000						
Rent receivable			⑤ 500				500	
Prepaid insurance			⑦ 3,000				3,000	
Depreciation expense			⑨ 18,000		18,000			
			34,500	34,500				
Net income					16,500			16,500
					141,500	141,500	403,500	403,500

当期純利益(Net income) $16,500 = 収益合計 $141,500 − 費用合計 $125,000
= 資産合計 $403,500 − 負債・資本合計 $387,000

つまり,当期純利益または損失は損益計算書の借方・貸方,貸借対照表の借方・貸方の差額として計算されます。そして後でみるように,当期純利益は貸借対照表の表示上において,最終的に利益剰余金(Retained earnings)に振り替えられます。

第6章 精算表と財務諸表の作成～Worksheet and preparation of financial statements～

EXERCISE 1

From the following trial balance and adjustments information of ELMEG Company, prepare an eight-column worksheet and make the necessary adjusting entries.

ELMEG Company

Trial Balance

December 31, 2011

	Dr.	Cr.
Cash	$ 47,500	
Accounts receivable	50,000	
Inventory	3,500	
Office supplies	500	
Prepaid insurance	15,000	
Building	85,000	
Accumulated depreciation		$ 9,000
Accounts payable		5,250
Common stock		135,000
Retained earnings		15,000
Sales		90,750
Purchases	30,000	
Salaries expense	23,500	
	255,000	255,000

Adjustments

(a) Inventory balance on December 31, 2011 is $2,500.
(b) $300 of office supplies remain unused as of December 31.
(c) Salaries not yet paid but owed are $500.
(d) Insurance expense for the year is $10,000.

(e) Depreciation expense for the year is $9,000.

(第20回問題36改題)

(Adjusting entries)

(a)

(b)

(c)

(d)

(e)

第6章 精算表と財務諸表の作成～Worksheet and preparation of financial statements～

Account title	Trial balance		Adjustments		Income Statement		Balance Sheet	
	Dr.	Cr	Dr.	Cr	Dr.	Cr	Dr.	Cr
Cash								
Accounts receivable								
Inventory								
Office supplies								
Prepaid insurance								
Building								
Accumulated depreciation								
Accounts payable								
Common stock								
Retained earnings								
Sales								
Purchases								
Salaries expense								
( )								
( )								
( )								
( )								
Net income								

【解答・解説】

Adjusting entries.

(a)

  Dr. Purchases   3,500

    Cr. Inventory   3,500・・・試算表上の期首商品

  Dr. Inventory   2,500

    Cr. Purchases   2,500・・・期末商品

（b）

 Dr. Office supplies expense   200
  Cr. Office supplies   200

 試算表には Office supplies が＄500ありますが，期末では＄300が未使用となって残っていますから，差額の＄200が消費されたことがわかり，これを事務用消耗品費に振り替えます。

（c）

 Dr. Salaries expense   500
  Cr. Salaries payable   500

 当期の給料＄500が未払となっていますから，給料を同額追加計上し，貸方は未払給料とします。

（d）

 Dr. Insurance expense   10,000
  Cr. Prepaid insurance   10,000

 試算表上 Prepaid insurance＄15,000が計上され，当初支払額を資産として前払保険料に計上していることがわかります。当期の費用となる保険料は＄10,000ですから，同額を前払保険料から支払保険料に振り替えます。

（e）

 Dr. Depreciation expense   9,000
  Cr. Accumulated depreciation   9,000

 減価償却費＄9,000を計上します。

 問題文の試算表の金額をそのまま精算表の試算表（Trial balance）欄に書き移した上で，上記の決算整理を加味します。

第6章 精算表と財務諸表の作成～Worksheet and preparation of financial statements～

Account title	Trial balance		Adjustments		Income Statement		Balance Sheet	
	Dr.	Cr	Dr.	Cr	Dr.	Cr	Dr.	Cr
Cash	47,500						47,500	
Accounts receivable	50,000						50,000	
Inventory	3,500		2,500	3,500			2,500	
Office supplies	500			200			300	
Prepaid insurance	15,000			10,000			5,000	
Building	85,000						85,000	
Accumulated depreciation		9,000		9,000				18,000
Accounts payable		5,250						5,250
Common stock		135,000						135,000
Retained earnings		15,000						15,000
Sales		90,750				90,750		
Purchases	30,000		3,500	2,500	31,000			
Salaries expense	23,500		500		24,000			
	255,000	255,000						
(Office supplies expense)			200		200			
(Salaries payable)				500				500
(Insurance expense)			10,000		10,000			
(Depreciation expense)			9,000		9,000			
			25,700	25,700				
Net income					16,550			16,550
					90,750	90,750	190,300	190,300

当期純利益（Net income）＝収益合計 $ 90,750 －費用合計 $ 74,200 ＝ $ 16,550

7 勘定の締切と締切仕訳（Closing entries）

　これまでみてきたように，試算表の数字を出発点として，これに決算整理を加え，資産・負債・資本・収益・費用の各要素の勘定科目の数字は確定し，こうして対象年度の貸借対照表と損益計算書が作成されます。一方，財務諸表は毎年作成するものですから，翌年度新たに財務諸表を作成するための準備作業が必要であり，このために行う仕訳を締切仕訳（Closing entries）といいます。

　貸借対照表はストック表ですから，期末の数字は翌年そのまま引き継がれます。一方，損益計算書はフロー表で，今年の Sales が＄10,000であった場合，それはあくまで今年の数字ですから，翌年の Sales を計算するにあたって Sales 勘定に前年度の数字が残っていてはまずいことになります。よって，期末において収益・費用については勘定をリセットしてゼロにする必要があり，そのために締切仕訳を行います。

　具体的には以下のステップをたどります。
STEP 1
　すべての費用・収益を Income summary（損益勘定）に置き換えます。これにより，損益勘定の借方に費用，貸方に収益が集計され，損益勘定が損益計算書と同様の役割を果たします。
・費用勘定の損益勘定への締切
　　　Dr. Income summary　××
　　　　　Cr. Expense account　××

（費用の本来の位置の借方に損益勘定を置き換えます。）

・収益勘定の損益勘定への締切
　　　Dr. Revenue account　××
　　　　　Cr. Income summary　××

（収益の本来の位置の貸方に損益勘定を置き換えます。）

第6章 精算表と財務諸表の作成～Worksheet and preparation of financial statements～

STEP2

損益勘定で，収益と費用の差額として当期純利益（収益＞費用の場合），または当期純損失（費用＞収益の場合）が計算されますので，これを最終的に利益剰余金（Retained earnings）勘定に置き換えます。利益であれば，利益剰余金が増えるので，貸方を利益剰余金，残る借方を損益勘定，損失なら利益剰余金が減るので，借方を利益剰余金，残る貸方を損益勘定と覚えてください。

ケース1）当期純利益（Net income）の場合
　　Dr. Income summary　××
　　　　Cr. Retained earnings　××

（利益剰余金を増やすので，貸方を利益剰余金とします。）

ケース2）当期純損失（Net loss）の場合
　　Dr. Retained earnings　××
　　　　Cr. Income summary　××

（利益剰余金を減らすので，借方を利益剰余金とします。）

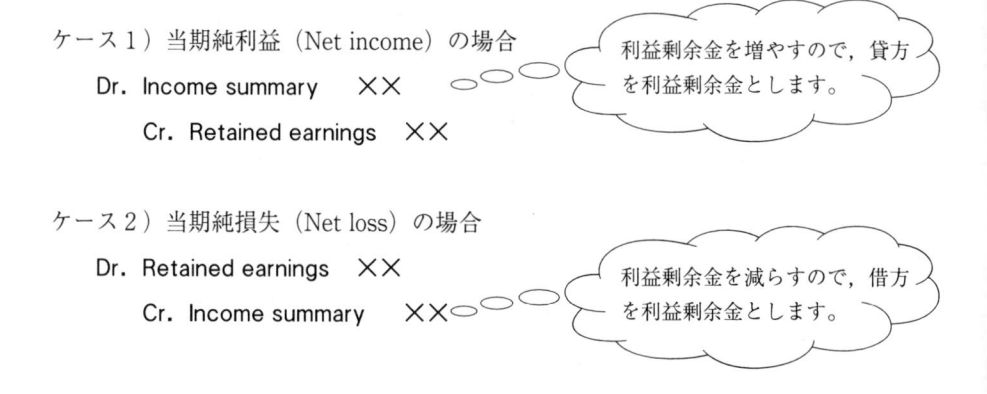

これを図示すれば以下のとおりです。

ケース1）当期純利益（Net income）の場合

| Expense | Income Summary | Revenue |

Net Income

Retained Earnings

期末残高 ｜ 期首残高
　　　　　｜ Net Income

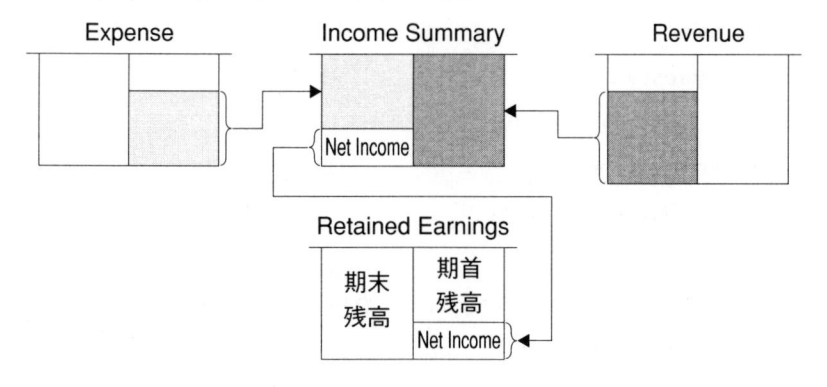

ケース2）当期純損失（Net loss）の場合

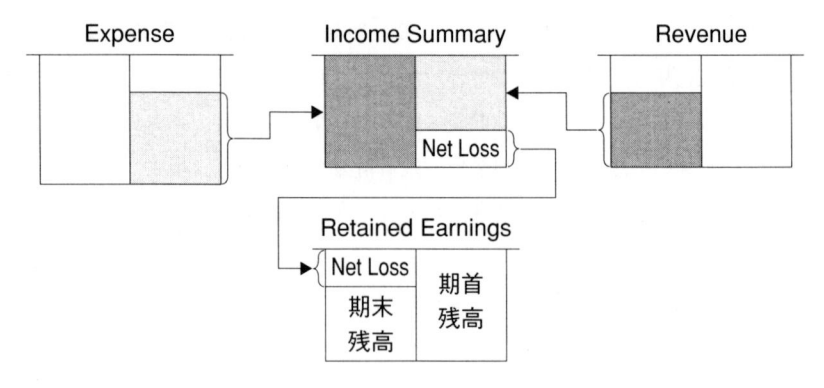

```
   Expense          Income Summary         Revenue
 ┌────────┐         ┌────────────┐        ┌────────┐
 │        │         │            │        │        │
 │   ▓▓▓  │────────▶│  ▓▓▓  ░░░  │◀───────│  ▓▓▓   │
 │        │         │     Net Loss│       │        │
 └────────┘         └────────────┘        └────────┘
                          │
                          ▼
                    Retained Earnings
                    ┌──────────────┐
                    │ Net Loss │   │
                    │ 期末   │期首 │
                    │ 残高   │残高 │
                    └──────────────┘
```

EXERCISE 2

Show the closing entry from the accounts listed below.

Sales 10,000　Interest income 3,000

Interest expense 8,000　Retained earnings 30,000

【解答・解説】

Dr. Income summary	8,000	
Cr. Interest expense		8,000
Dr. Sales	10,000	
Interest income	3,000	
Cr. Income summary		13,000
Dr. Income summary	5,000	
Cr. Retained earnings		5,000

　決算の締切において，ばらばらになった費用と収益の諸勘定を損益勘定の借方と貸方にそれぞれ集約します。ここでは Interest expense（支払利息）が費用勘定でもともと借方に計上されていたので，損益勘定への振替えについては Interest expense を借方から反対の貸方に移し，借方を損益勘定とします。

第6章 精算表と財務諸表の作成～Worksheet and preparation of financial statements～

一方，Sales と Interest income は収益勘定でもともと貸方のため，それらは借方に移動し，当初の貸方を損益勘定とします。これにより，損益勘定の貸方は収益の額が＄13,000，借方は費用の額が＄8,000で差額として＄5,000の利益が貸方残高として計上され，これは最終的に貸借対照表において純資産の内訳である利益剰余金（Retained earnings）勘定に振り替えます。

損益勘定から利益剰余金への振替えについては，利益であれば，利益剰余金を増やすので，貸方を利益剰余金，そして残る借方を損益，次に損失であれば利益剰余金をマイナスするので，借方を利益剰余金，残る貸方を損益とします。

なお，貸借対照表項目である資産・負債及び純資産については，期末残高がそのまま翌期首に引き継がれるため，締切仕訳は不要です。仮に試験で貸借対照表項目についての締切仕訳を問う出題があった場合，選択肢の解答としては，No closing entry is necessary 或いは，None of the above を選びます。

EXERCISE 3

Which of the following correctly shows a closing entry for depreciation expense account ？　　　　　　　　　　　　　　　　（第18回問題16類題）

① Dr. Income summary　　　　　　　×××
　　 Cr. Depreciation expense　　　　　×××
② Dr. Net income　　　　　　　　　　×××
　　 Cr. Depreciation expense　　　　　×××
③ Dr. Depreciation expense　　　　　 ××
　　 Cr. Income summary　　　　　　　××
④ Dr. Retained earnings　　　　　　　××
　　 Cr. Depreciation expense　　　　　 ××
⑤ No closing entry is necessary.

【解答・解説】①

　費用勘定ですから，当初の正位置の借方を Income summary に置き換え，反対側の貸方に移動させます。

EXERCISE 4

Show a closing entry for an accounts receivable account.

（第17回問題23類題）

【解答・解説】No closing entry is necessary.

　売掛金勘定の締切仕訳を問うものですが，貸借対照表項目である資産・負債及び純資産については，期末残高がそのまま翌期首に繰り越されますので，締切仕訳は不要となります。

EXERCISE 5

Questions 1) and 2) are based on the following：

The following information is available regarding the accounts of ABC Company on December 31, 2010 before closing entries. ABC Company's fiscal year ends on December 31.

　（ＡＢＣ社における2010年12月31日の締切仕訳前の勘定に関する情報は以下のとおりである。ＡＢＣ社の決算日は12月31日である。）

（第19回問題21・22類題）

Cash	$ 8,000
Accounts receivable	3,000
Land	10,000
Accounts payable	4,000
Common stock	12,000
Retained earnings	3,000

第6章 精算表と財務諸表の作成～Worksheet and preparation of financial statements～

Sales	9,000
Depreciation expense	6,000
Interest expense	1,000

1) Select the appropriate closing entry for Cash account.

① Dr. Cash 3,000
　　Cr. Income summary 3,000
② Dr. Cash 3,000
　　Cr. Revenue 3,000
③ Dr. Income summary 3,000
　　Cr. Cash 3,000
④ Dr. Expense 3,000
　　Cr. Cash 3,000
⑤ No closing entry is necessary.

2) What is the amount of retained earnings after the closing entries?

【解答・解説】

1) ⑤

締切仕訳は，費用・収益勘定につき必要であって，資産・負債・資本勘定についての締切仕訳は不要です。現金は資産ですから，解答は⑤となります。

2) $5,000

Net income（当期純利益）＝Sales（売上）9,000－Depreciation expense（減価償却費）6,000－Interest expense（支払利息）1,000＝2,000

締切仕訳前のRetained earnings（利益剰余金）は3,000でこれは期首の残高（Beginning balance）を示し，費用，収益の損益勘定への締切仕訳によって，損益勘定で計算された当期純利益の2,000は最終的に利益剰余金勘定に振り替

えられる（Income summary account is closed into retained earnings account.）
ので，締切仕訳後の期末の利益剰余金は5,000（＝2,000＋3,000）となります。
　ちなみに締切仕訳は以下のとおりです。

Dr.	Income summary	7,000
	Cr. Depreciation expense	6,000
	Interest expense	1,000
Dr.	Sales	9,000
	Cr. Income summary	9,000
Dr.	Income summary	2,000
	Cr. Retained earnings	2,000

8　締切後試算表（Post-closing trial balance）

　勘定の締切でみましたように，まずは費用・収益は損益勘定への締切を行い，損益勘定の差額として計算される利益または損失は最終的に利益剰余金に振り替えます。これにより損益計算書勘定はリセットされてゼロとなり翌年に繰り越されることはなく，資産・負債・資本の貸借対照表勘定しか残りません。そしてこれら貸借対照表勘定を集め，最終的に貸借が一致すれば決算整理も含めすべての勘定の転記が正確に行われたことを確かめることができますが，このために作成されるのがPost-closing trial balance（締切後試算表）です。

　締切後試算表には貸借対照表項目しか含まれず，この点は試験でも問われやすいので要注意です。

EXERCISE 6

Which of the following appears in a post-closing trial balance？
（次のうち，締切後試算表に表れる勘定はどれか。）

（第18回問題23類題）

第6章 精算表と財務諸表の作成～Worksheet and preparation of financial statements～

① Salaries expense
② Sales
③ Interest income
④ Communication expense
⑤ Accounts receivable

【解答・解説】⑤

締切後試算表は，損益勘定締切後に残る貸借対照表項目の貸借一致を確かめるために作成するものですから，貸借対照表項目のみ含みます。①から④はすべて損益計算書項目で，⑤の売掛金のみ資産で貸借対照表項目ですから，⑤が解答となります。

EXERCISE 7

The following information is available regarding the accounts of XYZ Company on December 31, 2011.

（第14回問題34類題）

Cash	$ 10,300
Accounts receivable	450
Building	5,000
Accounts payable	1,200
Common stock	9,000
Retained earnings	2,000
Sales	5,800
Salaries expense	1,000
Depreciation expense	1,250

(1) Determine the amount of net income for the year ended December 31, 2011.
$ [   ]

(2) Complete the following post-closing trial balance. When an entry is made in either the debit or credit column, the other should remain blank except for "Total".

```
                    XYZ Company
              Post-Closing Trial Balance
                  December 31, 2011

Cash                    $ [        ]    $ [        ]
Accounts receivable       [        ]      [        ]
Building                  [        ]      [        ]
Accounts payable          [        ]      [        ]
Common stock              [        ]      [        ]
Retained earnings         [        ]      [        ]
Total                   $ [        ]    $ [        ]
```

【解　答】
(1) $3,550

第6章 精算表と財務諸表の作成〜Worksheet and preparation of financial statements〜

(2)

XYZ Company
Post-Closing Trial Balance
December 31, 2011

Cash	$ [10,300]	$ [ ]
Accounts receivable	[450]	[ ]
Building	[5,000]	[ ]
Accounts payable	[ ]	[1,200]
Common stock	[ ]	[9,000]
Retained earnings	[ ]	[5,550]
Total	$ [15,750]	$ [15,750]

【解 説】

(1) Net income(当期純利益)=Sales(売上高) 5,800−Salaries expense(支払給与)1,000−Depreciation expense(減価償却費)1,250=$3,550

(2) 締切後試算表は,損益勘定締切後の貸借対照表項目のみ集めて試算表を作成するものですから,Sales と Salaries expense 及び Depreciation expense は解答欄にはありません。そして基本的に,問題文で指定された金額を資産は借方,負債・資本は貸方に埋めていきます。

ただし,Retained earnings(利益剰余金)については,問題文中の金額$2,000は損益勘定締切前の期首の金額がのっていますから,当期純利益の額$3,550を加算した$5,550(=2,000+3,550)を締切後試算表にのせることに注意してください。

9 会計サイクル（Accounting cycle）

　第3章の試算表の作成プロセスの中で，会計サイクルについて簡単に触れましたが，これまでみた勘定の締切や締切後試算表の作成も含めたすべての会計サイクルは以下のとおりとなります。

① 　Occurrence of transaction（取引の発生）
② 　Journal entry（仕訳を作成し，仕訳帳に記入）
③ 　Posting to a general ledger（仕訳帳から総勘定元帳への転記）
④ 　Preparation of trial balance（試算表を作成）
⑤ 　Adjusting entry（決算修正仕訳）
⑥ 　Preparation of a worksheet（精算表の作成）
⑦ 　Preparation of financial statements（財務諸表の作成）
⑧ 　Closing entry（締切仕訳）
⑨ 　Preparation of post closing trial balance（締切後試算表の作成）

　なお実務においては，通常は会計ソフトを用いますから，③以降は，すべてコンピューターが処理するところとなります。

{第7章}

財務諸表
～Financial statements～

〔第7節〕

財務諸表
— Financial statements —

第7章 財務諸表～Financial statements～

1 貸借対照表（Balance sheet）と損益計算書（Income statement）の標準フォーム

　第6章では，精算表上での貸借対照表と損益計算書の作成をみましたが，試験では別途，貸借対照表と損益計算書の標準的なフォームの作成問題が出題されます。
　以下，試験で頻出される標準的なフォームの貸借対照表をみていきます。

XYZ Company
Balance Sheet
As of December 31, 20XX

Assets			Liabilities and Equity		
Current assets :			Current liabilities :		
Cash	7,500		Accounts payable	3,000	
Accounts receivable	3,000		Salaries payable	1,000	$4,000
Inventory	2,500	$13,000			
			Noncurrent liabilities :		
			Bonds payable		6,000
Property, plant, and equipment :					
Land	6,400		Equity :		
Machinery	7,000		Common stock	10,000	
Accumulated depreciation (1,400)		12,000	Retained earnings	5,000	15,000
Total assets		$25,000	Total liabilities and equity		$25,000

205

試験で出題される貸借対照表では，まず資産（Assets）の部を流動資産（Current assets）と有形固定資産（Property, plant, and equipment）に，さらに貸方の負債及び資本の部（Liabilities and equity）を流動負債（Current liabilities）と固定負債（Noncurrent liabilities）そして資本（Equity）に分類しています。なお，資産をまずは流動と固定に分類し，固定区分の中で，有形固定資産と無形固定資産とに分ける場合もありますが，過去の傾向からして上記の例で押さえて頂ければ結構です。

ここで資産の部合計（Total assets）と負債及び資本の部合計（Total liabilities and equity）は金額が一致し，ともに＄25,000となります。流動資産については流動性の高いもの，わかりやすくいえば換金可能性の高いものから先に記載しますので，現金（Cash）7,500，売掛金（Accounts receivable）3,000，棚卸資産（Inventory）2,500の順となっており，流動資産に分類されるものはこのほか，受取手形（Notes receivable），市場性のある有価証券（Marketable securities），前払費用（Prepaid expense）等があります。

有形固定資産は土地（Land）6,400，機械設備（Machinery）7,000等のほか，建物（Building），備品（Equipment）があり，土地を除く固定資産の勘定ごとに，減価償却累計額（Accumulated depreciation）をマイナスします。ここではMachineryから減価償却累計額1,400をマイナスしますので，数字欄に（　）がついています。

次に負債について，流動負債（Current liabilities）は基本的に期末から数えて1年以内に返済を要するもの，固定負債（Noncurrent liabilities）は1年を超えて返済期限が到来するものと押さえておけばよく，流動負債には買掛金（Accounts payable）3,000，未払給与（Salaries payable）1,000のほか，未払税金（Income tax payable），短期借入金（Short-term loans payable），さらに未払利息（Interest payable）等の未払費用（Accrued expense）があります。

また固定負債は，社債（Bonds payable）6,000のほか，長期借入金（Long-term loans payable）があります。

第7章 財務諸表〜Financial statements〜

資本については資本金（Common stock）10,000と利益剰余金（Retained earnings）5,000だけ押さえておけば結構です。

なお試験では，このほか資産と負債につき，流動固定分類がない出題もあります。これについては後に出てくる演習問題で確認してください。

一方，損益計算書については，次のとおりです。
段階的に計算される利益をしっかりと押えてください。

XYZ Company
Income Statement
For the Year Ended December 31, 20XX

Sales（売上高）		$ 180,000
Cost of goods sold（売上原価）		110,000
Gross profit（売上総利益）		70,000
Operating expenses（営業費用）：		
Salaries expense（支払給与）	10,000	
Rent expense（支払家賃）	8,000	
Depreciation expense（減価償却費）	13,000	31,000
Operating income（営業利益）		39,000
Other income（営業外収益）：		
Interest income（受取利息）	3,500	3,500
Other expense（営業外費用）：		
Interest expense（支払利息）	1,200	1,200
Income before income tax（税引前利益）		41,300
Income tax（税金費用）		16,000
Net income（当期純利益）		$ 25,300

以下，各項目を説明します。

Gross profit（売上総利益）70,000
＝Sales（売上高）180,000－Cost of goods sold（売上原価）110,000

　いわゆる粗利と呼ばれるもので原価に対し，いくら利益を上乗せして販売価格としたかを示すものですから，企業の価格競争力が示されます。

Operating income（profit）（営業利益）39,000
＝Gross profit（売上総利益）70,000－Operating expenses（営業費用）31,000

　営業費用は，Selling, General and Administrative expense（ＳＧＡ：販売費及び一般管理費）ともいい，本業の営業活動において生じた費用が含まれ，これには Salaries expense（給料），減価償却費（Depreciation expense），賃借料（Rent expense），さらに保険料（Insurance expense）等が含まれ，営業利益は会社が本業でどれだけ利益を稼いだかを示します。

Income before income tax（税引前当期純利益）41,300
＝Operating income（営業利益）39,000＋Other income（営業外収益）3,500
－Other expense（営業外費用）1,200

　営業利益に，会社の本業たる営業活動以外の活動によって生じた営業外収益と営業外費用を加減算して求めます。

　Subject 1 レベルでは，Other income と Other expense に分類されるものは，会社の資金調達活動，つまり財務活動によって発生する Interest income（受取利息）と Interest expense（支払利息）くらいですので，これ以外の費用は，すべて Operating expense と覚えてください。

Net income（当期純利益）25,300
＝Income before income tax（税引前当期純利益）41,300－Income tax（税金費用）16,000

　税引前当期純利益より，Income tax（税金費用）を差し引いて求め，会社に

第7章 財務諸表〜Financial statements〜

とって最終的に処分可能な利益を表し，株主への配当（Devidends）もここから行います。

EXERCISE 1

Which of the following is included in other expense in income statement ?

（第15回問題22改題）

① Income tax
② Salaries expense
③ Utilities expense
④ Insurance expense
⑤ Interest expense

【解答・解説】⑤

上記ポイントより，⑤の支払利息のみ，営業外費用とし，②給料，③水道光熱費，④保険料は営業費用となります。

EXERCISE 2

Which of the following is not included in operating income ?

（第15回問題22改題）

① Travel expense
② Communication expense
③ Advertising expense
④ Interest expense
⑤ Utilities expense

【解答・解説】④

営業利益に含まれないもので，①交通費，②通信費，③広告宣伝費，⑤水道光熱費はすべて営業費用として，営業利益を計算する際の構成要素となりますが，④の支払利息は営業外費用ですので，営業利益を計算する際には考慮されません。

2　純仕入（Net purchase）・純売上（Net sales）と売上原価（Cost of goods sold）

　損益計算書に関連し，純仕入高（Net purchase）あるいは純売上高（Net sales），売上原価（Cost of goods sold），さらには売上総利益（Gross profit）及び営業利益（Operating profit）を求めさせる計算問題はよく出題されます。以下それぞれの計算式を掲げておきます。先の損益計算書の標準フォームとあわせてよく押さえておいてください。

Net purchase（純仕入）
＝Purchases＋Freight on purchases（仕入運賃）＋Insurance（運送保険料）
－Purchase return（仕入返品）－Purchase discount（仕入割引）－Purchase allowance（仕入値引）

Net sales（純売上）
＝Sales－Sales return（売上返品）－Sales discount（売上割引）－Sales allowance（売上値引）

　ポイントは，値引き，割引，返品はすべて差し引き，かつ純仕入高の算出上，仕入運賃と保険料を加えることです。仕入運賃は，仕入に際し発生した運送料，また保険料は商品が破損した場合に備えて掛ける保険料を意味します。

第 7 章　財務諸表〜Financial statements〜

Cost of goods sold（売上原価）
＝Beginning inventory（期首商品）＋Net purchase（純仕入）－Ending inventory（期末商品）

Gross profit（売上総利益）
＝Net sales－Cost of goods sold

Operating profit（営業利益）
＝Net sales－Cost of goods sold－Selling General & administrative expense
　営業利益は，売上から売上原価と販売費及び一般管理費（営業費用（Operating expense）と呼ぶ場合もあります）を差し引いて求めます。ここで仮に支払利息（Interest expense）が問題文にある場合でも，先述したように支払利息は本業の営業活動（Operating activities）以外の財務活動（Financial activities）から生じた費用ですので，販売費及び一般管理費には含まれないので，注意してください。

EXERCISE 3

1) Compute the amount of net sales from the following information.

Sales	$ 89,000
Sales return	1,000
Sales discount	1,500
Sales allowance	300

（第14回問題18改題）

【解答・解説】$ 86,200
Net sales＝Sales 89,000－Sales return 1,000－Sales discount 1,500－Sales allowance 300＝86,200

EXERCISE 4

2) Compute the amount of net purchase from the following information.

Purchases	$50,000
Purchase return	500
Purchase discount	200
Purchase allowance	300
Freight on purchases	1,500
Insurance	400

(第14回問題17改題)

【解答・解説】 $50,900

Net purchase＝Purchases 50,000＋Freight on purchases 1,500＋Insurance 400－Purchase return 500－Purchase discount 200－Purchase allowance 300 ＝50,900

EXERCISE 5

3) Compute the amount of cost of goods sold from the following information.

Purchases	$50,000
Beginning inventory	6,000
Purchase return	500
Purchase discount	200
Purchase allowance	300
Freight on purchases	1,500
Ending inventory	8,000

(第14回問題17改題)

【解答・解説】 $48,500

Cost of goods sold＝Beginning inventory 6,000＋Net purchase*50,500－

Ending inventory 8,000＝48,500

＊Net purchase＝Purchases 50,000＋Freight on purchases 1,500－Purchase return 500－Purchase discount 200－Purchase allowance 300＝50,500

EXERCISE 6

4) Compute the amount of operating profit from the following information.

Sales	$ 86,200
Cost of goods sold	48,500
Utilities expense	13,000
Advertising expense	11,000
Interest expense	3,000

（第15回問題32改題）

【解答・解説】 $ 13,700

Operating profit＝Sales 86,200－Cost of goods sold 48,500－Utilities expense 13,000－Advertising expense 11,000＝13,700

Utilities expense と Advertising expense はともに営業費用の内訳となりますが，Interest expense は Other expense となり含まれないので，Interest expense は控除しないことに注意してください。

EXERCISE 7

5) The following information pertains to XYZ Company.

Sales	$ 100,000
Sales discount	4,000
Sales allowance	3,000
Purchases	76,000
Freight on purchases	1,500
Purchase discount	800

Purchase return	2,000
Beginning inventory	20,000
Ending inventory	30,000
Depreciation expense	11,000
Salaries expense	15,000
Interest expense	100

Based on the above information, compute the following amounts:

(1) Net sales
(2) Net purchase
(3) Cost of goods sold
(4) Gross profit
(5) Operating income

(第15回問題32改題)

【解　答】

(1)　$ 93,000
(2)　　74,700
(3)　　64,700
(4)　　28,300
(5)　　 2,300

【解　説】

(1) Net sales＝Sales 100,000－Sales discount 4,000－Sales allowance 3,000
　　＝93,000

(2) Net purchase＝Purchases 76,000＋Freight on purchases 1,500－Purchase return 2,000－Purchase discount 800＝74,700

(3) Cost of goods sold＝Beginning inventory 20,000＋Net purchase 74,700－Ending inventory 30,000＝64,700

(4) Gross profit＝Net sales 93,000－Cost of goods sold 64,700＝28,300

(5) Operating income＝Net sales 93,000－Cost of goods sold 64,700－Depreciation expense 11,000－Salaries expense 15,000＝2,300

EXERCISE 8

Question 1) and 2) are based on following :

The following are accounts in ABC Company's balance sheet as of December 31, 20X8.

Cash	$ 5,300
Accounts receivable	3,700
Inventory	2,100
Accounts payable	3,000
Common stock	7,000
Retained earnings	1,100

ABC Company had the following transactions during 20X9.

Date	Transaction
January 9	Purchased $2,900 inventory on account.
February 12	Paid $2,700 to settle accounts payable.
May 24	Sold inventory on account, $5,500.
July 5	Purchased $3,500 equipment for cash.
September 19	Received $5,700 cash to settle accounts receivable.
November 16	Paid rent, $2,500.
December 22	Paid salaries, $3,100.
December 25	Borrowed money from a bank for a note, $2,000.

Addition information for adjusting entries is as follows :
- Ending inventory is $1,500
- Equipment is depreciated by the straight-line method for 5 years with no salvage value.
- Rent expense that should be recognized in 20X9 was $1,500
- $40 of interest on the note should be accrued.

Select appropriate numbers for account titles and/or descpritions from the list below

1. Accounts payable	2. Accounts receivable	3. Accumulated depreciation
4. Depreciation expese	5. Gross profit	6. Net income
7. Perpaid rent	8. Rent expense	9. Rent receivable
10. Retained earnings	11. Inventory	12. Notes payable
13. Interest expense	14. Operating income	15. Interest payable

(第19回問題37・38改題)

第 7 章 財務諸表〜Financial statements〜

1) Prepare ABC Company's income statement for the year ended December 31, 20X9.

```
                      ABC Company
                    Income Statement
           For the Year Ended December 31, 20X9

  Sales                                    $ [        ]
  Cost of goods sold                         [        ]
  [              ]                           [        ]
  Operating expenses:
  Salaries expense         [        ]
  [              ]         [        ]
  [              ]         [        ]       [        ]
  [              ]                          [        ]
  Other expense:
  [              ]         [        ]       [        ]
  [              ]                        $ [        ]
```

217

2) Prepare ABC Company's balance sheet as of December 31, 20X9.

	ABC Company		
	Balance Sheet		
	As of December 31, 20X9		
Assets		Liabilities and Equity	
Cash	$ [ ]	[ ]	$ [ ]
[ ]	[ ]	[ ]	[ ]
[ ]	[ ]	[ ]	[ ]
[ ]	[ ]	Total liabilities	[ ]
Equipment	[ ]	Common stock	[ ]
[ ]	[( )]	Retained earnings	[ ]
		Total equity	[ ]
Total assets	$ [ ]	Total liabilities and equity	$ [ ]

第 7 章 財務諸表～Financial statements～

【解答・解説】

1)

ABC Company
Income Statement
For the Year Ended December 31, 20X9

Sales		$ [9,500]	
Cost of goods sold		[3,500]	
[5]		[6,000]	
Operating expenses :			
Salaries expense	[3,100]		
[4]	[350]		
[8]	[1,500]	[4,950]	
[14]		[1,050]	
Other expense :			
[13]	[40]	[40]	
[6]		$ [1,010]	

2)

ABC Company

Balance Sheet

As of December 31, 20X9

Assets			Liabilities and Equity		
Cash	$ [	1,200]	1	$ [	3,200]
2	[	7,500]	12	[	2,000]
11	[	1,500]	15	[	40]
7	[	1,000]	Total liabilities	[	5,240]
Equipment	[	3,500]	Common stock	[	7,000]
3	[(	350)]	Retained earnings	[	2,110]
			Total equity	[	9,110]
Total assets	$ [	14,350]	Total liabilities and equity	$ [	14,350]

【解 説】

まずは日付順に仕訳を起こします。各仕訳につき，番号を付しておきます。

① Jan. 9

  Dr. Purchases   2,900

    Cr. Accounts payable   2,900

② Feb.12

  Dr. Accounts payable   2,700

    Cr. Cash   2,700

③ May.24

  Dr. Accounts receivable   9,500

    Cr. Sales   9,500

第7章　財務諸表〜Financial statements〜

④　Jul. 5

 Dr. Equipment   3,500
  Cr. Cash   3,500

⑤　Sep. 19

 Dr. Cash   5,700
  Cr. Accounts receivable 5,700

⑥　Nov. 16

 Dr. Rent expense   2,500
  Cr. Cash   2,500

⑦　Dec. 22

 Dr. Salaries expense   3,100
  Cr. Cash   3,100

⑧　Dec. 25

 Dr. Cash   2,000
  Cr. Notes payable   2,000

決算修正仕訳は以下のとおりです。

⑨　売上原価の確定

 Dr. Purchases   2,100
  Cr. Inventory   2,100
 Dr. Inventory   1,500
  Cr. Purchases   1,500

⑩　減価償却

 Dr. Depreciation expense 350
  Cr. Accumulated depreciation 350

$(3,500 \div 5 \times \dfrac{6 \text{ヵ月}}{12 \text{ヵ月}}) = 350$　残存価額はゼロで7月に購入したものですから、7月から12月までの半年分の減価償却を行います。

⑪　前払家賃の計上

  Dr．Prepaid rent　　　　　　　　　　1,000
   Cr．Rent expense　　　　　　　　　1,000

　払った家賃は＄2,500ですが，20X9年度に計上すべき家賃は＄1,500ですから，差額の＄1,000は前払家賃となります。

⑫　未払利息の計上

  Dr．Interest expense　　　　　　　　　40
   Cr．Interest payable　　　　　　　　40

　次に各勘定の集計に入りますが，一般に現金，売掛金，買掛金，仕入，売上といった頻出勘定については，転記漏れがないよう以下のようにT勘定を書き，仕訳から集計していきます。なおこの際T勘定に，問題文で示されている期首残高（Beginning Balance：B B）を記入するのを忘れないでください。この5つ以外の勘定については，わざわざT勘定を書かなくても，仕訳ではまず1回くらいしか出てこないので，そのつど金額を足しこんでいけば間違いありません。これより差額を求めれば，それが期末残高（Ending Balance：E B）となります。番号は，仕訳の番号を示しています。

	Cash		
BB	5,300	②	2,700
⑤	5,700	④	3,500
⑧	2,000	⑥	2,500
		⑦	3,100
EB	1,200		

	Accounts receivable		
BB	3,700	⑤	5,700
③	9,500		
EB	7,500		

	Accounts payable		
②	2,700	BB	3,000
		①	2,900
		EB	3,200

第7章　財務諸表〜Financial statements〜

以上を基に解答の順番どおり，まずは損益計算書を作成します。

Sales：③より9,500

Cost of goods sold：Purchases 2,900（①より）＋⑨期首商品2,100－⑨期末商品1,500＝3,500

Gross profit＝9,500－3,500＝6,000

Salaries expense：⑦より3,100

Depreciation expense：⑩より350

Rent expense ： ⑥2,500－⑪1,000＝1,500

Interest expense：⑫より40。この支払利息のみが営業外費用（Other expense）となりますから，支払利息以外の費用を差し引いて

Operating income＝Gross profit6,000－3,100－350－1,500＝1,050

Net income＝1,050—40＝1,010となります。

次に貸借対照表ですが，以下のとおりです。

Cash：上記T勘定より1,200

Accounts receivable ：上記T勘定より7,500

Inventory：決算整理の資料より1,500

Prepaid rent：⑪より1,000

Equipment：④より3,500

Accumulated depreciation：⑩より350

Accounts payable：上記T勘定より3,200

Notes payable：⑧より2,000

Interest payable：⑫より40

Common stock：期首残高より7,000

Retained earnings：1,100（期首残高）＋1,010（当期純利益）＝2,110

　期末の利益剰余金は，期首残高に損益計算書の当期純利益を加えた額になります。

223

{第8章}
一般に公正妥当と認められた会計原則
～Generally Accepted Accounting Principles～

第8章　一般に公正妥当と認められた会計原則〜Generally Accepted Accounting Principles〜

1　発生主義と収益認識の原則

　現金主義（Cash basis）とは，費用（Expense）・収益（Revenue）の認識を現金の出金と入金とともに行うものです。

　これに対し発生主義（Accrual basis）とは，費用及び収益につき，それぞれの発生の時点で認識するものです。

　第5章で収益の発生時点について軽く触れました。ここで発生主義による収益認識の原則（Revenue recognition principle）に基づき，収益の発生時点をより厳密に定義すれば，①収益という形で体現される対価を請求するにふさわしい何らかの経済活動を行った（＝稼得した（Earned）），かつ②その対価として現金や現金請求権（Claims to cash）を受け取った（＝実現した（Realized）），または対価としてそれ以外の資産を受け取った場合，その資産が現金や現金請求権にすぐに換えられる（＝実現可能になった（Realizable）），という双方の条件を満足した時点とされています。

　これより商品の販売については相手方に商品を引き渡した（Delivered）時点で，及びサービスについてはサービスの提供を行った時点で，収益は認識されます。

　一方費用については，役務の提供を受けた時点で発生（Incurred）したものとされます。ただし発生主義により認識された費用がすべて一会計期間の費用となるわけではなく，第5章でみた減価償却費のようにそれが当期の期間費用となるにあたり，次にみる費用収益対応の原則（Matching principle）のテストを受けなければならないものもあります。

2　費用収益対応の原則（Matching principle）

　ここで費用収益対応の原則とは，発生主義によって認識された費用のうち，

実現した今期の収益を獲得するためにかかった費用のみを当期の費用として認識し、これにより努力たる費用と成果たる収益とを対応させ、もって適正な期間損益計算を行おうとする考え方です。成果たる収益を上げるための価値犠牲が努力たる費用であり、その差額こそが純粋な成果としての当期純利益（Net income）になりますから、費用収益対応の原則によって、純粋な経営成果を把握することが大事になるわけです。

有形固定資産（Property, plant and equipment）の取得原価（Acquisition cost）を購入時に一度に費用化するのではなく、収益獲得活動への貢献度に応じて一定の仮定を設け、耐用年数（Useful life）にわたって費用化する減価償却や、売上に対する売上原価は、この費用収益対応の原則に基づくものです。

なお収益との対応関係の捕捉が難しい管理部門の費用や人件費等の営業費用は、発生主義に基づく発生額を当期の期間費用とします。

3 会計公準（Accounting postulate）

第1章の2で、簿記の前提条件という形で軽く触れましたが、会計を行うための基礎的前提を正式には会計公準（Accounting postulate）といい、これには
① 継続企業の公準（Going concern assumption）
② 企業実体の公準（Economic entity assumption）
③ 貨幣的評価の公準（Monetary unit assumption）
の3つのものがあります。以下順番に解説します。

① 継続企業の公準（Going concern assumption）
会社は予見可能な将来にわたり継続して事業活動を行うとの前提をいい、これがあるために設立から将来にわたる事業活動を一定の期間に区切って期間ごとに財政状態と経営成績を開示しようとの要請から、会計期間（Accounting period）の概念が生まれました。

第8章　一般に公正妥当と認められた会計原則〜Generally Accepted Accounting Principles〜

また固定資産の耐用年数にわたって固定資産の取得原価を費用化する減価償却についても，この継続企業の公準をベースとするものです。

② 企業実体の公準（Economic entity assumption）

企業をそれ自体独立した1個の社会的存在として認める考え方であり，これにより企業が，会計が記録・整理・計算の対象とする独立した範囲として，1つの会計単位となります。

③ 貨幣的評価の公準（Monetary unit assumption）

会計の測定範囲を，金額的に測定可能な領域に限定するものです。

4 国際財務報告基準（IFRS）と米国基準（U.S.GAAP）

具体的な会計処理を行い，財務諸表を作成する際によって立つべきルールとして，GAAP（Generally Accepted Accounting Principles：一般に公正妥当と認められた会計原則）があり，またこれを文書化したものとして会計基準（Accounting standards）があります。

現在世界的なGAAPとして，IFRS（International Financial Reporting Standards：国際財務報告基準）と，米国基準（U.S.GAAP）があります。これまでの米国基準は世界第1位の政治経済大国である米国が設定した基準ということで，長らく支持されてきました。しかし2005年にEU（欧州連合）が，域内上場企業に対しIFRS採用を義務付けしたこと，また2008年に米国SECがIFRS導入に向けてのロードマップ案を公表したことにより，会計基準のグローバルスタンダードとして，IFRSが俄然注目されるようになり，現在世界100カ国以上で，IFRSは採用されています。

これを受け我が国でも，金融庁が2009年にIFRSの強制適用に向けて動き出し，2015年から2016年を目処としたIFRS強制適用の判断を，2012年に行うものとしていました。

しかしその後米国は当初の姿勢を変化させ，IFRS導入に慎重な態度を示すようになり，遂に米国SECは2011年5月にIFRS導入に向けての判断を事実上先送りすることを表明しました。これを受け日本国内でもIFRS導入に対する慎重論が高まり，2011年6月金融庁は，当初2015年から16年にかけてとしていたIFRS強制適用の時期について延期を検討することとしました。その意味でIFRSが真の意味で世界基準となっていくかについては，今後の動向を慎重に見守っていく必要があります。

5　IFRSの特徴点

米国基準がRules-based（細則主義）と呼ばれ，細かいルールを数多く設けるのに対し，IFRSはPrinciples-based（原則主義）と呼ばれ，あくまで根本的となる原理原則だけを提示し，細かい点は現場の担当者の判断に任せるものとしています（ただこう書くとIFRSは米国基準と比べていかにも簡潔かの印象を与えますが，IFRSの絶対量も膨大なものです）。

細則主義では，細かいルールの網の目をくぐり抜けた不正が生じやすく，これがエンロンなどの会計スキャンダルを生み出したとの批判がなされ，この点原理原則を提示するIFRSによるならば，こうした不正は生じにくいとの見地から，IFRSを支持する声が高まってきました。

しかし昨今の会計不正は非常に巧妙化しており，単に細かい基準の網の目をくぐり抜けて行われたものばかりではないという事実にも目を向ける必要があるでしょう。

6　GAAPの設定主体（Standard-setting bodies）

IFRSは，ロンドンに本拠を置くIASB（International Accounting Standards Board：国際会計基準審議会）が設定するものです。

これに対し米国基準は，SEC（Securities and Exchange Commission：米国

第8章 一般に公正妥当と認められた会計原則〜Generally Accepted Accounting Principles〜

証券取引委員会）によって権限委譲を受けたFASB（Financial Accounting Standards Board：財務会計基準審議会）が主な設定主体となっています。

　ちなみに日本では，ASBJ（Accounting Standards Board of Japan：企業会計基準委員会）が基準を設定しています。

EXERCISE 1

Determine whether each of the following statements is correct or incorrect.

A）Revenues are recognized based on the matching principle. Thus, revenues should be matched with associated expenses.

（収益は費用収益の対応の原則に基づき認識される。よって，収益は関連する費用と対応付けられるべきである。）

(第18回問題27改題)

【解答・解説】Incorrect

　Matching principle によって認識されるのは，収益（Revenues）ではなく，費用（Expenses）で，費用が関連する収益と対応づけられます。

B）When a company's financial statements are prepared on a historical cost basis, it is assumed that the company will continue in operation for the foreseeable future.

（企業の財務諸表が取得原価主義に基づき作成される場合，企業は予見可能な将来にわたって継続して事業を行うことを前提としている。）

(第17回問題11改題)

【解答・解説】Incorrect

　本文の解説は企業の財務諸表が取得原価主義（historical cost basis）ではなく，継続企業（Going concern）の公準に基づき作成される場合を解説したものです。

C）GAAP stands for Globally Accepted Accounting Principles.
（GAAPはグローバルに認められた会計原則を意味する。）

(第16回問題30改題)

【解答・解説】Incorrect

　GAAPは一般に公正妥当と認められた会計原則をいい，GloballyではなくGenerallyを意味します。

D）Accounting rules are called SEC.
（会計原則はSECと呼ばれる。）

(第14回問題20改題)

【解答・解説】Incorrect

　会計原則はSEC（米国証券取引委員会）ではなく，GAAPと呼ばれます。

E）Depreciation is justifiable and appropriate under the monetary unit assumption that a company will continue in operation for the foreseeable future.
（減価償却は，企業が予見可能な将来にわたって事業活動を続けるという，貨幣的評価の公準のもとで，正当化される処理である。）

(第19回問題25改題)

【解答・解説】Incorrect

　減価償却は，企業が予見可能な将来にわたり継続して事業活動を続けるという継続企業の公準のもとで，正当化される処理であり，貨幣的評価の公準の下で正当化されうるものではありません。

F）IFRS are set by FASB.
（IFRSは，FASBが設定主体となっている。）

第8章　一般に公正妥当と認められた会計原則〜Generally Accepted Accounting Principles〜

（第19回問題26改題）

【解答・解説】Incorrect

　IFRSの設定主体はIASB（International Accounting Standards Board：国際会計基準審議会）ですので，誤りです。
　FASB（Financial Accounting Standards Board：財務会計基準審議会）はU.S.GAAPを設定しています。

G）Both IFRS and U.S.GAAP are principles-based.
（IFRSと米国基準は共に原則主義に基づいている。）

【解答・解説】Incorrect

　IFRSが原則主義（principles-based approach）に基づいているのに対し，米国基準は細則主義（rules-based approach）に基づいています。

H）Financial statements are prepared on a cash basis of accounting, under which expense is recognized when it is realized or realizable, and it is earned.
（財務諸表は現金主義の原則に基づき作成される。現金主義において，費用は実現したあるいは実現可能になった，かつ稼得したという双方の時点で認識される。）

（第22回問題38改題）

【解答・解説】Incorrect

　財務諸表は発生主義の原則（an accrual basis of accounting）に基づき作成され，実現したまたは実現可能になった，かつ稼得したという双方の時点で認識されるのは，費用ではなく，収益（Revenue）です。

{第9章}
財務諸表分析
～Financial statement analysis～

第9章　財務諸表分析〜Financial statement analysis〜

Subject 1で出てくる財務諸表分析で用いる各種指標をまとめます。

Net income margin （当期純利益率）	$\dfrac{\text{Net income（当期純利益）}}{\text{Sales（売上）}}$	
	収益性（Profitability）を図る指標	
Inventory turnover （在庫回転率）	$\dfrac{\text{Cost of goods sold（売上原価）}}{\text{Inventory（棚卸資産）}}$	
	資産活用の中でも，特に棚卸資産の活用をみる指標	
Total assets turnover （総資産回転率）	$\dfrac{\text{Sales（売上高）}}{\text{Total assets（総資産）}}$	
	資産活用の中でも，総資産の活用度合いをみる指標	
Current ratio （流動比率）	$\dfrac{\text{Current assets（流動資産）}}{\text{Current liabilities（流動負債）}}$	
	流動性を図る指標	
Quick ratio （当座比率）	$\dfrac{\text{Current assets（流動資産）}-\text{Inventory（棚卸資産）}}{\text{Current liabilities（流動負債）}}$	
	流動性をより厳密に図る指標	
Debt ratio （負債比率）	$\dfrac{\text{Total debt（総負債）}}{\text{Total assets（総資産）}}$	
	負債管理（Debt management）を図る指標	
ROE (Return On Equity) （自己資本利益率）	$\dfrac{\text{Net income（当期純利益）}}{\text{Equity（資本）}}$	
	株主の視点からみた総合的な業績の指標	
ROA (Return On Assets) （総資産利益率）	$\dfrac{\text{Operating income（営業利益）}}{\text{Total assets（総資産）}}$	
	会社全体の視点からみた総合的な業績の指標	

1 当期純利益率（Net income margin）

$$当期純利益率 = \frac{\text{Net income（当期純利益）}}{\text{Sales（売上）}} \quad 収益性（Profitability）を図る指標$$

　企業において売上（Sales）を伸ばすことは大事なことですが，それ以上に大事なことは最終的な経営成果としての当期純利益（Net income）を伸ばすことです。売上の伸び以上に費用がかさんでしまったら，当期純利益は減少してしまうでしょう。そこで当期純利益を売上で割った当期純利益率を計算することで，企業の収益性（Profitability）を図ることが求められます。

　A社とB社で，売上はA社が多いにもかかわらず，当期純利益はB社が多いとしたら，B社の方が収益性は高い（more profitable）ものといえ，その収益性を具体的な比率として示したものが当期純利益率となります。

EXERCISE 1

Based on the following information, which company has higher profitability？

（第20回問題29改題）

	X Co.	Y Co.
Sales	$ 100,000	$ 90,000
Operating income	60,000	70,000
Net income	30,000	45,000

【解答・解説】Y Co.
　収益性（Profitability）は，当期純利益率で測定し，数値が高い方が，収益性が高いことを意味します。両社の収益性は以下のとおりです。

第9章 財務諸表分析〜Financial statement analysis〜

X Co.　30,000÷100,000＝0.3＝30％

Y Co.　45,000÷90,000＝0.5＝50％

　Y社の方が，売上が少ないにもかかわらず収益性が高い（Y Company is more profitable）といえます。

2　在庫回転率（Inventory turnover）

在庫回転率＝ $\dfrac{\text{Cost of goods sold（売上原価）}}{\text{Inventory（棚卸資産）}}$　棚卸資産の活用の効率性を図る指標

　商品や製品などの期末の在庫を意味する棚卸資産（Inventory）は，貸借対照表上流動資産（Current assets）となりますが，資産であるからといって在庫の金額が大きいということが必ずしもプラスの意味を持つわけではありません。販売不振や返品による在庫の増加なら意味はなく，また在庫そのものを保有するコストもかかるからです。

　よって棚卸資産はとにかく売れなければいけません。そして売れた場合，最終的には売上原価（Cost of goods sold）となり，売上に対するコストとなりますから，売上原価を期末の棚卸資産で割って求めた在庫回転率（Inventory turnover）は，在庫がどれだけ売上原価としてさばけたか，つまり商品の売れ行き具合を示し，棚卸資産という資産がいかに有効に活用されたかという資産活用（Assets utilization）の効率性を図ることができます。

EXERCISE 2

Based on the following information, calculate the inventory turnover.

（第19回問題28改題）

	X Co.	Y Co.
Sales	$300,000	$600,000
Cost of goods sold	180,000	420,000
Inventory	30,000	140,000

【解答・解説】 X Co.　6 times　　Y Co.　3 times

X Co.：180,000÷30,000＝6 times（6回転）

Y Co.：420,000÷140,000＝3 times（3回転）

　在庫回転率は，Cost of goods sold を Inventoryで割って求めます。X社の方が，売上は少ないにもかかわらず，Y社よりも効率的な活動を行っているといえます。棚卸資産が売上原価に何回，転化した（入れ替わった）か，を見るので，単位は回転（Times）となります。

3　総資産回転率（Total assets turnover）

$$総資産回転率 = \frac{Sales（売上高）}{Total\ assets（総資産）}$$　総資産の活用の効率性を図る指標

　企業は，現金や売掛金，建物をはじめ様々な資産を保有し，これらの資産を使って事業活動を行っていますが，これら企業が保有するすべての資産活用の効率性を図る指標として，総資産回転率（Total assets turnover）があります。

　これは企業の保有する総資産（Total assets）が売上（Sales）をどれだけ生み出しているかをみるもので，売上を総資産で割って求めます。この値が高いほど，総資産が売上獲得に向けて効果的に運用されていることがわかります。

EXERCISE 3

Based on the following information, calculate the total assets turnover.

第9章　財務諸表分析〜Financial statement analysis〜

（第19回問題28改題）

	X Co.	Y Co.
Assets	$100,000	$800,000
Equity	30,000	400,000
Sales	300,000	1,600,000
Cost of goods sold	240,000	1,440,000

【解答・解説】X Co.：3 times　　Y Co.：2 times

　Assetsが総資産を示し，売上をこれで割って求めますから，

X Co.：300,000÷100,000＝3 times

Y Co.：1,600,000÷800,000＝2 times

　規模はY社が大きくても，X社に比べて資産の効率的な運用がなされていないことがわかります。総資産が売上に何回，転化した（入れ替わった）か，を見るので単位は回転（Times）となります。

4　流動比率（Current ratio）

流動比率＝$\dfrac{\text{Current assets（流動資産）}}{\text{Current liabilities（流動負債）}}$　　流動性（Liquidity）を測る指標

　会社は資金調達の一環として，借入を行いますが，借入がかさめば，当然に企業経営を圧迫し，場合によっては倒産に追い込まれます。よって，短期的な意味での負債の返済能力を示す流動性（Liquidity）を図る指標として活用されるのが，ここでみる流動比率（Current ratio）です。

　流動負債（Current liabilities）は基本的に1年以内に返済が必要な負債であ

り，この返済原資として充当すべき資産は，やはり1年以内に回収される流動資産（Current assets）でなければならないはずです。よって，流動資産を流動負債で割った流動比率を求めることにより，1年以内の短期の負債の返済能力（the ability to meet short-term obligations）を測ることができます。

したがって流動比率は高い方がそれだけ，短期的な返済能力が高いことを意味し，一般的には150％程度あれば望ましいとされ，前年に比べ高い値を示せば改善（Improve），低ければ悪化（Deteriorate）したといいます。

EXERCISE 4

Based on the following information, calculate the current ratio.

（第19回問題28改題）

	X Co.	Y Co.
Noncurrent liabilities	$ 50,000	$1,300,000
Current assets	225,000	800,000
Noncurrent assets	200,000	2,000,000
Current liabilities	150,000	1,000,000

【解答・解説】X Co.：150％　　Y Co.：80％

　流動資産を流動負債で割って求めます。

X Co.：225,000÷150,000＝1.5＝150％

Y Co.：800,000÷1,000,000＝0.8＝80％

　Y社の方が企業規模が大きいにもかかわらず，短期負債の返済能力はX社の方が高く（X Company is more able to meet short-term obligations），安全性が高いことがわかります。

第9章 財務諸表分析〜Financial statement analysis〜

5 当座比率（Quick ratio）

当座比率＝$\dfrac{\text{Current assets（流動資産）}-\text{Inventory（棚卸資産）}}{\text{Current liabilities（流動負債）}}$ より厳密に流動性を測る指標

先の在庫回転率でみたように，棚卸資産は売れて初めて意味をなすもので，実際流動資産の中に棚卸資産が計上されているからといって，それがすぐに売れて換金化できるわけではありません。

したがって，より厳密に短期的な返済能力を測る指標として，当座比率（Quick ratio）があり，これは流動資産から棚卸資産をマイナスしたものを，流動負債で割って求めます。

EXERCISE 5

Based on the following information, calculate the quick ratio.

（第19回問題28改題）

	X Co.	Y Co.
Noncurrent assets	$1,500,000	$300,000
Current assets	1,000,000	420,000
Inventory	800,000	120,000
Current liabilities	1,000,000	375,000

【解答・解説】X Co.：20%　　Y Co.：80%

流動資産から棚卸資産をマイナスしたものを流動負債で割って求めますから，
X Co.：（1,000,000－800,000）÷1,000,000＝0.2＝20%
Y Co.：（420,000－120,000）÷375,000＝0.8＝80%

X社の方が流動資産の額が大きいにもかかわらず，流動資産の殆どが棚卸資産のため，X社の当座比率はY社に比べ圧倒的に低くなっています。

6 負債比率（Debt ratio）

$$負債比率 = \frac{Total\ debt（総負債）}{Total\ assets（総資産）} \quad 総負債の返済能力を測る指標$$

先に短期負債の返済能力である流動性を測る指標として流動比率をみましたが，今度は総合的な負債管理（Debt management）の一環として，1年を超える長期的な負債も含め，総負債の返済能力であるソルベンシー（Solvency）を測る指標として，負債比率（Debt ratio）があります。

貸借対照表の借方の（総）資産は資金の運用形態，貸方の資本と負債は資金の調達形態を表しますが，負債比率は負債を資産で割って求めたもので，企業の資金調達が，返済が必要な負債によってどれだけ賄われているかを示します。

よってこの比率が高いほど，支払不能（Insolvency）になる危険性が高いことを意味します。

EXERCISE 6

Based on the following information, calculate the debt ratio.

（第19回問題28改題）

	X Co.	Y Co.
Noncurrent assets	$1,500,000	$400,000
Current assets	1,000,000	500,000
Current liabilities	1,000,000	375,000

第9章 財務諸表分析〜Financial statement analysis〜

| Noncurrent liabilities | 500,000 | 75,000 |

【解答・解説】X Co.：60%　　Y Co.：50%

　総負債を総資産で割って求めますが，ここで総負債は流動負債と固定負債の合計，総資産は流動資産と固定資産の合計です。よって
X Co.：（1,000,000＋500,000）÷（1,000,000＋1,500,000）＝0.6＝60%
Y Co.：（375,000＋75,000）÷（400,000＋500,000）＝0.5＝50%
となり，Y社の方が負債比率は低いため財務的健全性が高いことがわかります。

7　株主資本利益率（ＲＯＥ：Return On Equity）

株主資本利益率＝ $\dfrac{\text{Net income（当期純利益）}}{\text{Equity（資本）}}$ 　株主の視点からみた総合的な業績の指標（Overall financial measures of performance）

　株主は株を買って企業に資金を拠出し，その株主から払い込まれたお金が（株主）資本（Equity）となります。そして株主はその見返りとして配当（Dividends）をもらいますが，配当は損益計算書の最終的な利益である当期純利益（Net income）の過去からの内部留保である，利益剰余金（Retained earnings）から行われます。
　よって当期純利益こそが最終的に株主に対して分配される利益となりますので，株主にとっては自分が拠出した株主資本を使ってどれだけ自分が自由にできる当期純利益を生み出してくれたかが，最も気になります。そこで株主の視点からみた，総合的な業績の指標（Overall financial measures of performance）として，当期純利益を資本で割って求めた株主資本（又は自己資本）利益率（Return On Equity：ROE）が用いられます。

EXERCISE 7

Based on the following information, calculate the ROE.

（第19回問題28改題）

	X Co.	Y Co.
Equity	$ 50,000	$ 500,000
Assets	100,000	800,000
Net income	15,000	100,000

【解答・解説】X Co.：30%　　Y Co.：20%

　ROEは当期純利益を株主資本で割って求めますから，
X Co.：15,000÷50,000＝0.3＝30%
Y Co.：100,000÷500,000＝0.2＝20%
でX社の方が株主にとってよい会社といえます。（X Company is better for stockholders.）

8　総資産利益率（ＲＯＡ：Return On Assets）

$$総資産利益率 = \frac{\text{Operating income（営業利益）}}{\text{Total assets（総資産）}}$$

会社全体からみた総合的な業績の指標（Overall financial measures of performance）

　ROEは株主が拠出した株主資本を使って，株主に分配される当期純利益をどれだけ稼ぎ出してくれるかをみる，株主に視点が置かれた指標でした。これに対しROAは株主のみならず債権者が拠出した，返済が必要な資金である負債も含めた総資産（Total assets）を使ってどれだけ利益を生み出したかをみる，会社全体に視点が置かれたもので，利益を総資産で割って求めます。

第9章 財務諸表分析〜Financial statement analysis〜

ここでは株主のみならず債権者にとっても自由になる利益を考えます。支払利息は債権者に対する利益の分配ですから、支払利息を控除する前の利益概念が必要となるため、営業利益（Operating income）など、支払利息も含めた利益を計算として用いる場合が多いです。

なお株主資本は返済不要な資本ということで自己資本（Owners' capital）と、負債は返済が必要な資本ですから他人資本（Debt capital）と呼ばれ、この両者を足したものを総資本（Total capital）といいます。貸借対照表より、総資本は貸方合計で、これは借方の総資産と一致しますから、別名 ROE の自己資本利益率と対比し、総資本利益率とも呼ばれます。

EXERCISE 8

Based on the following information, calculate the ROA.

（第19回問題28改題）

	X Co.	Y Co.
Assets	$ 100,000	$ 1,000,000
Net income	3,000	20,000
Operating income	4,000	21,000

【解答・解説】X Co.：4 %　　Y Co.：2.1%
　営業利益を総資産で割って求め、ここで Assets は総資産を意味しますから、
X Co.：4,000÷100,000＝0.04＝4 %
Y Co.：21,000÷1,000,000＝0.021＝2.1%
となります。

ただし、もし仮に利益として Net income しか資料に提示されていない場合は、Net income を用いて計算することになるので、注意してください。

EXERCISE 9

Based on the following information, answer questions ① through ⑤.

① Calculate the current ratio
② Calculate the quick ratio
③ Calculate the debt ratio
④ Calculate the ROE
⑤ Calculate the ROA

Current assets	$ 30,000
Inventory	7,500
Noncurrent assets	70,000
Current liabilities	15,000
Noncurrent liabilities	35,000
Stockholders' equity	50,000
Net income	5,500
Operating income	25,000

【解答・解説】

① $\dfrac{\text{Current assets（流動資産）}}{\text{Current liabilities（流動負債）}} = 30,000 \div 15,000 = 200\%$

② $\dfrac{\text{Current assets（流動資産）} - \text{Inventory（棚卸資産）}}{\text{Current liabilities（流動負債）}}$
$= (30,000 - 7,500) \div 15,000 = 150\%$

③ $\dfrac{\text{Total debt（総負債）}}{\text{Total assets（総資産）}} = (15,000 + 35,000) \div (30,000 + 70,000) = 50\%$

総負債は，Current liabilities（流動負債）15,000と Noncurrent liabilities

（固定負債）35,000の合計で50,000となります。一方，総資産は流動資産30,000とNoncurrent assets（固定資産）70,000の合計の100,000となります。ちなみに，（総）資産＝（総）負債＋資本ですから，総負債50,000と資本（stockholders' equity）50,000の合計として100,000と求めることもできます。

④ $\dfrac{\text{Net income（当期純利益）}}{\text{Equity（資本）}} = 5,500 \div 50,000 = 11\%$

⑤ $\dfrac{\text{Operating income（営業利益）}}{\text{Total assets（総資産）}} = 25,000 \div 100,000 = 25\%$

EXERCISE 10

The following list of accounts is from a financial statements of ABC Company.

Accounts payable	$ 8,000
Accounts receivable	9,500
Land	36,000
Notes payable	7,000
Cash	13,000
Bonds payable	35,000
Inventory	7,500
Building	13,000
Common stock	30,000
Equipment	21,000
Retained earnings	20,000
Sales	120,000
Cost of goods sold	60,000
Net income	6,000
Operating income	16,200

Based on the above information, answer the following questions.

① Calculate the net income margin
② Calculate the inventory turnover
③ Calculate the total assets turnover
④ Calculate the current ratio
⑤ Calculate the quick ratio
⑥ Calculate the debt ratio
⑦ Calculate the ROE
⑧ Calculate the ROA

【解答・解説】

① $\dfrac{\text{Net income（当期純利益）}}{\text{Sales（売上）}} = 6,000 \div 120,000 = 5\%$

② $\dfrac{\text{Cost of goods sold（売上原価）}}{\text{Inventory（棚卸資産）}} = 60,000 \div 7,500 = 8 \text{ times}$

③ $\dfrac{\text{Sales（売上高）}}{\text{Total assets（総資産）}} = 120,000 \div 100,000 = 1.2 \text{ times}$

ここで Current assets＝Cash 13,000＋Accounts receivable 9,500＋Inventory 7,500＝30,000

Noncurrent assets＝Land 36,000＋Building 13,000＋Equipment 21,000＝70,000

よって Total assets＝Current assets 30,000＋Noncurrent assets 70,000＝100,000

④ $\dfrac{\text{Current assets（流動資産）}}{\text{Current liabilities（流動負債）}} = 30,000 \div 15,000 = 200\%$

第9章 財務諸表分析～Financial statement analysis～

ここで Current liabilities＝Accounts payable 8,000＋Notes payable 7,000＝15,000

⑤ $\dfrac{\text{Current assets（流動資産）}-\text{Inventory（棚卸資産）}}{\text{Current liabilities（流動負債）}}$
＝(30,000－7,500)÷15,000＝150％

⑥ $\dfrac{\text{Total debt（総負債）}}{\text{Total assets（総資産）}}$＝50,000÷100,000＝50％

Noncurrent liabilities＝Bonds payable 35,000

Total liabilities＝Current liabilities 15,000＋Noncurrent liabilities 35,000＝50,000

⑦ $\dfrac{\text{Net income（当期純利益）}}{\text{Equity（資本）}}$＝6,000÷50,000＝12％

Equity＝Common stock 30,000＋Retained eanings 20,000＝50,000

⑧ $\dfrac{\text{Operating income（営業利益）}}{\text{Total assets（総資産）}}$＝16,200÷100,000＝16.2％

{ 第10章 }

内 部 統 制
～Internal control～

第10章　内部統制〜Internal control〜

1　内部統制のフレームワーク（Framework of internal control）

　内部統制のフレームワークは1985年設立のトレッドウェイ委員会が立ち上げた，トレッドウェイ委員会組織委員会（The Committee of Sponsoring Organizations of the Treadway Commission：COSO）の調査報告であるCOSO reportによって示され，現在でも内部統制を考慮する上での指針となっています。

2　COSO reportによる内部統制の定義

　COSO reportによれば，内部統制は，財務報告の信頼性（Reliability of financial reporting），業務の有効性と効率性（Effectiveness and efficiency of operations），関連法規の遵守（Compliance with applicable laws and regulations）といった目的の達成について合理的な保証（Reasonable assurance）を提供することを意図した，事業体の取締役会，経営者及びその他の構成員によって遂行されるプロセスと広く定義されます。

3　内部統制の目的（Objective of internal control）

① 財務報告の信頼性（Reliability of financial reporting）
② 業務の有効性と効率性（Effectiveness and efficiency of operations）
③ 関連法規の遵守（Compliance with applicable laws and regulations）
といった目的の達成について合理的な保証（Reasonable assurance）を提供することです。

4　現金管理（Cash control）における内部統制

　現金管理における内部統制の具体例としてはバウチャーシステム（Voucher

system）と定額小口現金前渡制度があります。

（１） バウチャーシステム（Voucher system）
　一般に現金は流動性が高く，盗難や横領また不正流用が生じやすいものです。そこで米国企業においては，現金管理（Cash control）に対する内部統制の強化策の一環として，基本的に現金を手許に置かないようにし，すべての支払については，バウチャーシステムを採用し，原則小切手（Check）で行うようにしています。

　バウチャーシステムは，すべての支払に対し，支払時点ではなく支払先からの請求書が来た時点で，支払承認書であるバウチャーを作成するもので，以下の点がポイントです。

①　バウチャーには，連写番号（Sequence number）を付し，さらに仕入れたもの（Purchased items）・金額（Amount of purchase）・支払条件（Terms）・支払日（Date of disbursement），支払先の名前（Name of payee）支払事由（Reason for which the payment was made）及び借方科目（Accounts to be charged；後でみるように貸方は Voucher payable（証憑未払金）を用いるので借方勘定の情報が必要となる）等の支払に際して必要な情報を記載します。

②　バウチャーの支払前に必ず支払責任者の承認（Approval）を得た後，バウチャーの金額について貸方に Voucher payable 勘定を用い，従来の仕入仕訳帳に代わる，バウチャーレジスター（Voucher register）に記入します。
　そして月末にそこから総勘定元帳上の Voucher payable 勘定に合計転記します。

③　期日が到来したバウチャーについては，すべて小切手（Check）で支払を行うため，小切手を郵送し，支払終了後は「Paid」（支払済み）のマークを付

第10章 内部統制〜Internal control〜

し順番にファイルします。そして以下の Voucher payable の支払の仕訳

 Dr．Voucher payable   ××
   Cr．Cash   ××

を出金仕訳帳に代わるチェックレジスター（Check register）と，バウチャーレジスター双方に記入し，元帳の Cash 勘定への転記は前者から，そして Voucher payable 勘定への転記は後者からそれぞれ行います。

（2）定額小口現金前渡制度（Imprest petty cash system）

すべての支払について小切手を使用するのは面倒なため，少額の支出には定額小口現金前渡制度（Imprest petty cash system）を用います。

詳しくは第2章で解説しましたので，そちらを参照してください。

5 内部統制の手続の具体例（Examples of internal control procedures）

不正を防ぐための内部統制の手続として，以下のものがあります。

① 個々の職務権限を明確にし（Definition of job responsibilities），適切な職務の分掌（Adequate separation of duties）を行います。これには，帳簿記録（record keeping）と資産の管理（custody of assets）を分離することがあります。たとえば現金を管理する人と，現金の帳簿を記録する人を分けておかないと，取引先と結託して物品を購入したことにして帳簿上記録を行い，現金を横領するということが起きてしまいます。

② 記録が自動的に残り，後日不正をチェックするのに役立つタイムレコーダー（time recorder）やキャッシュレジスター（Cash register）等の管理機器（control devices）を使用することも推奨されます。

EXERCISE 1

Determine whether each of the following sentences is correct or incorrect.

1) Internal control is the process which provides absolute assurance regarding efficiency of financial reporting, effectiveness and reliability of operations, and compliance with applicable laws and regulations.
（内部統制は，財務報告の効率性，業務の有効性と信頼性，関連法規の遵守について，絶対的な保証を提供するものである。）

（第19回問題30改題）

【解答・解説】Incorrect

　内部統制は財務報告の信頼性（Reliability），業務の有効性と効率性（Efficiency）そして関連法規の遵守について，合理的（Reasonable）な保証を提供するものです。問題文では，財務報告の効率性，業務の信頼性，さらに絶対的な保証としているため，誤りとなります。内部統制は共謀や経営者がこれを無視した場合には，機能し得ないといった限界がありますので，絶対的な保証（Absolute assurance）ではなく，合理的な保証（Reasonable assurance）を提供するものにとどまるので，注意が必要です。

2) When payment is necessary, MELG Company always uses notes instead of paying cash for the purpose of internal control.
（支払を行う際，MELG社では内部統制上の観点から，現金を払う代わりに手形を用いる。）

（第17回問題29改題）

【解答・解説】Incorrect

　現金管理における内部統制の代表的な例としては，小口現金制度（Petty cash system）とバウチャーシステム（Voucher system）がありますが，そのうち支

第10章　内 部 統 制〜Internal control〜

払に小切手を採用するのは，バウチャーシステムの方です。問題文では，小切手ではなく手形を用いるとしているので，誤りです。

　先述したとおり，少額の支出についてまで小切手を振り出すのは面倒ですので，これについては定額小口現金前渡制度（Imprest petty cash system）を採用し，小口現金より支払を行います。

3 ）COSO report provides framework and guideline for GAAP.
（COSOレポートは，GAAPのフレームワークとガイドラインを示したものである。）

（第15回問題30改題）

【解答・解説】Incorrect
　COSOは，GAAPではなく内部統制（Internal control）のフレームワークとガイドラインを示したものです。

4 ）Examples of internal control procedures are segregation of the function of record keeping and custody of assets, and the usage of control devices, such as journal entry and time recorders.
（内部統制の手続の例として，帳簿記録と資産の管理を分けることや，仕訳やタイムレコーダー等の管理機器を使用することが挙げられる。）

（第14回問題29改題）

【解答・解説】Incorrect
　内部統制の手続の例としては，職務の分担（Segregation）が挙げられ，たとえば帳簿記録（record keeping）と資産の管理（custody of assets）を分け，別々の人間に分担して行わせること等があります。
　また記録が自動的に残り，後日不正をチェックするのに役立つタイムレコーダーやキャッシュレジスター（Cash register）等の管理機器（Control devices）

を使用することも推奨されます。本文では，journal entry（仕訳）としていますので，Incorrect となります。

5) A petty cash system is used to record cash disbursements for the purpose of internal control.
（小口現金制度は，内部統制上の観点から，現金の支払を記録するため採用されている。）

（第14回問題30改題）

【解答・解説】Incorrect
　現金支払についての内部統制強化の目的で採用されたのは，小口現金制度（a petty cash system）ではなく，支払に小切手を使用するバウチャーシステム（Voucher system）です。小口現金制度は，中でも少額の支払（Small disbursements）のために採用されるものです。

6) Convergence of accounting standards is included in the objectives that internal control helps to achieve.
（会計基準のコンバージェンスは，内部統制の達成目的に含まれている。）

（第20回問題30類題）

【解答・解説】Incorrect
　内部統制は，財務報告の信頼性（Reliability of financial reporting），業務の有効性と効率性（Effectiveness and efficiency of operations），関連法規の遵守（Compliance with applicable laws and regulations）といった目的の達成について合理的な保証（Reasonable assurance）を提供することを意図したもので，会計基準のコンバージェンスという目的の達成を意図したものではありません。

＜執筆者紹介＞

山本 貴啓（やまもと たかひろ）

1968年東京都生まれ
1990年慶應義塾大学経済学部卒業
1991年慶應義塾大学大学院商学研究科中退
2000年公認会計士・税理士開業登録
大手監査法人勤務を経て，山本貴啓公認会計士・税理士事務所を開設。
その後，
2006年より立正大学経営学部助教授
2008年より立正大学経営学部准教授
現在に至る

著書・論文

『基本例文で学ぶ英文会計』（税務経理協会，2009年）
『ＢＡＴＩＣ®（国際会計検定）過去問題集』（税務経理協会，2010年）
『会社の数字英語表現完全マスター』（共著，アスク社，2003年）
『社債の時価評価再考』（會計 2009年5月号）
『共生の思想からみた新会計基準の批判的検討』（社会関連会計研究
 Vol.20, 2008年）他

著者との契約により検印省略

平成24年6月20日　初版第1刷発行

実戦テキストBATIC®（国際会計検定）
Subject 1 アカウンタントレベル（320点）
到達へのバイブル

著　者	山　本　貴　啓
発　行　者	大　坪　嘉　春
製　版　所	株式会社ムサシプロセス
印　刷　所	税経印刷株式会社
製　本　所	株式会社 三森製本所

発　行　所　東京都新宿区　　株式　税務経理協会
　　　　　　下落合2丁目5番13号　会社
郵便番号 161−0033　振替 00190−2−187408　電話（03）3953−3301（編集部）
　　　　　　　　　 FAX（03）3565−3391　　　　　　（03）3953−3325（営業部）
　　　　　　　　　 URL http://www.zeikei.co.jp/
　　　　　　　　　 乱丁・落丁の場合はお取替えいたします。

Ⓒ 山本貴啓 2012　　　　　　　　　　　　　　　　　　Printed in Japan

本書を無断で複写複製（コピー）することは，著作権法上の例外を除き，禁じられています。本書をコピーされる場合は，事前に日本複製権センター（JRRC）の許諾を受けてください。
JRRC(http://www.jrrc.or.jp　eメール:info@jrrc.or.jp　電話:03-3401-2382)

ISBN978−4−419−05787−9　C3063